Lei da Arbitragem Voluntária
ANOTADA

2012

Armindo Ribeiro Mendes
Dário Moura Vicente
José Miguel Júdice
José Robin de Andrade
Pedro Metello Nápoles
Pedro Siza Vieira

LEI DA ARBITRAGEM VOLUNTÁRIA

AUTORES
Armindo Ribeiro Mendes
Dário Moura Vicente
José Miguel Júdice
José Robin de Andrade
Pedro Metello de Nápoles
Pedro Siza Vieira

EDITOR
EDIÇÕES ALMEDINA, S.A.
Rua Fernandes Tomás, nºs 76, 78 e 79
3000-167 Coimbra
Tel.: 239 851 904 · Fax: 239 851 901
www.almedina.net · editora@almedina.net

DESIGN DE CAPA
FBA.

PRÉ-IMPRESSÃO
EDIÇÕES ALMEDINA, S.A.

IMPRESSÃO E ACABAMENTO
PAPELMUNDE, SMG, LDA.
V. N. de Famalicão

Março, 2012

DEPÓSITO LEGAL
341500/12

Apesar do cuidado e rigor colocados na elaboração da presente obra, devem os diplomas legais dela constantes ser sempre objecto de confirmação com as publicações oficiais.
Toda a reprodução desta obra, por fotocópia ou outro qualquer processo, sem prévia autorização escrita do Editor, é ilícita e passível de procedimento judicial contra o infractor.

 GRUPOALMEDINA

Biblioteca Nacional de Portugal – Catalogação na Publicação

PORTUGAL. Leis, decretos, etc.

Lei da arbitragem voluntária / anot. Armindo Ribeiro Mendes... [et al.]
ISBN 978-972-40-4789-8

I – MENDES, A. Ribeiro, 1946-

CDU   347

PREFÁCIO

A nova lei de arbitragem voluntária não teve uma génese "normal", no panorama tão justamente criticado da recente legislação portuguesa.

O ante-projecto da nova lei não foi preparado nos gabinetes ministeriais, a redacção do seu conteúdo não foi objecto de sigilo, o processo da sua aprovação não foi apressado.

Ao contrário:
- o ante-projecto foi preparado graciosamente pela Direcção de uma associação sem fins lucrativos, a Associação Portuguesa de Arbitragem (APA), a convite do Governo;
- a redacção do seu conteúdo, tendo por base o texto inicial do Dr. António Sampaio Caramelo e os vários contributos individuais durante a discussão no seio da Direcção da APA, de que ele fazia parte, e com o Gabinete da Sra Ministra da Justiça, foi amplamente publicitada e debatida, e as soluções adoptadas foram justificadas publicamente,
- e o processo da sua aprovação demorou cerca de 3 anos pois foi esse o tempo que mediou entre a data do primeiro anteprojecto da APA – Março de 2009 – e a data da publicação da Lei – Dezembro de 2011.

A Direcção da APA, cujo programa convergiu neste domínio com os programas, não só do actual Governo, como do Governo anterior, felicita-se pelo modo como o processo legislativo se processou, ainda que em alguns pontos o texto final tenha divergido do ante-projecto, mas sente por isto mesmo, uma especial responsabilidade em garantir que a aplicação desta Lei corresponda às expectativas que nela tantos colocam.

E essa expectativa passa, em grande medida, por criar uma atmosfera de confiança e previsibilidade quanto à aplicação do enquadramento legislativo que a partir de Março de 2012 vai passar a rodear a arbitragem.

Sendo as soluções consagradas na nova Lei, tributárias, em larga medida, das soluções da Lei-Modelo da UNCITRAL ("Lei-Modelo"), que vêm sendo objecto de uma interpretação uniforme por parte da jurisprudência e da doutrina dos Países onde a mesma foi adoptada, espera a Direcção da APA que todo esse "acquis" doutrinal ajude a formar uma prática consistente e uma jurisprudência estável, que crie confiança nos cidadãos e nas empresas, nacionais e estrangeiras, garantindo que a arbitragem realizada em Portugal constitua um meio adequado, justo e eficaz de resolução de litígios.

A Direcção da APA espera contribuir para esse objectivo, dando agora a público uma edição anotada da nova Lei, que, sem pretensões de desenvolvimento doutrinário, possa constituir um auxiliar prático a quem tiver por missão interpretar e aplicar a nova Lei, garantindo desta forma que a prática da sua aplicação diária corresponda às esperanças que a comunidade arbitral portuguesa nela depositou.

Só se essa finalidade for atingida, considera a Direcção da APA ter sido plenamente atingido o objectivo, que se propôs, de contribuir para dotar o nosso País de uma nova Lei de Arbitragem Voluntária moderna e justa, e reconhecida internacionalmente como uma lei "amiga" da arbitragem.

Lisboa, Janeiro de 2012

José Robin de Andrade
Presidente da Direcção da APA

Lei n.º 63/2011, de 14 de Dezembro, aprova a lei da Arbitragem Voluntária

DIPLOMA PREAMBULAR

Artigo 1.º – Objecto

1 – É aprovada a Lei da Arbitragem Voluntária, que se publica em anexo à presente lei e que dela faz parte integrante.

2 – É alterado o Código de Processo Civil (CPC), em conformidade com a nova Lei da Arbitragem Voluntária.

ANOTAÇÃO:

1. É aprovada através da presente lei a nova regulamentação da arbitragem voluntária (Nova Lei de Arbitragem Voluntária, abreviadamente LAV), a qual consta do anexo ao diploma.

2. Trata-se da quarta regulamentação dos últimos cinquenta anos em Portugal. O CPC de 1961 consagra o último dos seus quatro livros ao "Tribunal Arbitral", tratando no Título I deste Livro da matéria do tribunal arbitral voluntário (arts. 1508.º a 1524.º) e da do tribunal arbitral necessário no seu Título II (arts. 1525.º a 1528.º). A Lei n.º 31/86, de 31 de Agosto (Lei da Arbitragem Voluntária, LAV 1986) revogou expressamente os art. 1508.º a 1524.º (art. 39.º, n.º 3), pondo termo às dúvidas sobre se o anterior Decreto-Lei n.º 243/84, de 17 de Julho (Lei de Arbitragem Voluntária de 1984, abreviadamente DL n.º 243/84) havia revogado de forma tácita (revogação de sistema) os referidos arts. 1508.º a 1524.º do CPC vigente.

3. Este DL n.º 243/84 visou modernizar o Direito da arbitragem voluntária mas todas as suas normas vieram a ser declaradas inconstitucionais, com força obrigatória geral, pelo Acórdão n.º 230/86 do Tribunal Constitucional[1]. O fundamento da

---

[1] In *Diário da República*, I Série, de 12 de Setembro de 1986; publicado também in *Acórdãos do Tribunal Constitucional*, 8.º vol., Lisboa, IN-CM, 1991, págs. 115-133.

declaração da inconstitucionalidade foi o da violação da norma de competência da Assembleia da República (art. 168.º, n.º 1, alínea q), da Constituição da República Portuguesa, versão resultante da I Revisão Constitucional), por se ter entendido que a reserva de competência legislativa do Parlamento abrangia a organização e competência dos tribunais arbitrais, incluídos, no artigo 212.º dessa versão da Lei Fundamental, entre as categorias de tribunais constitucionalmente facultativos. Embora este Acórdão tenha sido proferido em 8 de Julho de 1986, o mesmo só foi publicado em Setembro de 1986, depois da publicação da Lei n.º 31/86 (LAV 1986), mas antes da entrada em vigor desta (que ocorreu em 29 de Novembro de 1986 por força do art. 39.º, n.º 1, da LAV 1986). Tal revogação, acabou por ser ineficaz, visto o art. 282.º, n.º 1, da Constituição estabelecer que "a declaração de inconstitucionalidade [...] com força obrigatória geral produz efeitos desde a entrada em vigor da norma declarada inconstitucional [...], determina a repristinação das normas que ela, eventualmente, haja revogado". Tal significa que o disposto nos arts. 1508.º a 1524.º do CPC vigorou até à entrada em vigor da LAV 1986.

4. A LAV 1986 vigorou durante mais de vinte e cinco anos e só foi alterada uma vez pelo Decreto-Lei n.º 38/2003, de 8 de Março (alteração dos arts. 11.º e 12.º daquela Lei).

5. A presente lei visou transpor em larga medida a Lei-Modelo da UNCITRAL (de 1985, alterada em 2006), tendo sido profundamente influenciada por um anteprojecto da Direção da Associação Portuguesa de Arbitragem (APA), elaborado em Março de 2009, a pedido do Ministro da Justiça Alberto Costa[2], articulado que foi revisto em Maio de 2010[3].

O XVIII Governo Constitucional chegou a apresentar à Assembleia da República a Proposta de Lei n.º 48/XI, inspirada no mencionado Anteprojecto da APA de 2010, embora com algumas alterações significativas. Tal Proposta foi aprovada na generalidade, mas veio a caducar por força da dissolução da Assembleia da República em Abril de 2011.

O XIX Governo Constitucional apresentou no início de Setembro de 2011 a Proposta de Lei n.º 22/XII – que segue de perto o Anteprojecto de 2010 da APA – a qual veio a converter-se na Lei n.º 63/2011, de 14 de Dezembro (LAV).

De harmonia com o n.º 2 do diploma preambular, é também alterado o CPC, em conformidade com a nova Lei de Arbitragem. Tais alterações constam do art. 2.º deste diploma. Por seu turno, o art. 5.º, n.º 3, revoga o art. 1097.º do CPC.

Armindo Ribeiro Mendes (ARM)

---

[2] O articulado está publicado na *Revista Internacional de Arbitragem e Conciliação*, ano II, 2009, págs. 205-241.
[3] O Anteprojecto de 2010 com anotações está publicado na mesma *Revista*, ano III, 2010, págs. 167-230.

Artigo 2.º – Alteração ao CPC
Os artigos 812.º-D, 815.º, 1094.º e 1527.º do Código de Processo Civil passam a ter a seguinte redacção:

«Artigo 812.º-D - [...]
...
a) ...
b) ...
c) ...
d) ...
e) ...
f) ...
g) Se, pedida a execução de sentença arbitral, o agente de execução duvidar de que o litígio pudesse ser cometido à decisão por árbitros, quer por estar submetido, por lei especial, exclusivamente a tribunal judicial ou a arbitragem necessária, quer por o direito controvertido não ter carácter patrimonial e não poder ser objecto de transacção.

Artigo 815.º - [...]
São fundamentos de oposição à execução baseada em sentença arbitral não apenas os previstos no artigo anterior mas também aqueles em que pode basear-se a anulação judicial da mesma decisão, sem prejuízo do disposto nos n.ºs 1 e 2 do artigo 48.º da Lei da Arbitragem Voluntária.

Artigo 1094.º - [...]
1 - Sem prejuízo do que se ache estabelecido em tratados, convenções, regulamentos da União Europeia e leis especiais, nenhuma decisão sobre direitos privados, proferida por tribunal estrangeiro, tem eficácia em Portugal, seja qual for a nacionalidade das partes, sem estar revista e confirmada.
2 - ...

Artigo 1527.º - [...]
1 - Se em relação a algum dos árbitros se verificar qualquer das circunstâncias previstas nos artigos 13.º a 15.º da Lei da Arbitragem Voluntária, procede-se à nomeação de outro, nos termos do artigo 16.º daquela lei, cabendo a nomeação a quem tiver nomeado o árbitro anterior, quando possível.
2 - ...»

ANOTAÇÃO:
1. São alterados quatro artigos do CPC, sendo a alteração necessária por causa do regime inovatório da LAV. Trata-se dos arts. 812.º-D, 815.º, 1094.º, n.º 1, e 1527.º. O art. 64.º do Anteprojecto de 2010 da APA previa apenas a alteração dos dois primeiros.

2. O primeiro é o art.812.º-D, preceito que estabelece os casos em que o agente de execução deve submeter o requerimento executivo a despacho liminar do juiz. Trata-se de disposição aditada pelo Decreto-Lei n.º 226/2008, de 20 de Novembro, diploma que remodelou a tramitação da acção executiva reformada em 2003.

A alteração introduzida na alínea g) deste artigo tem a ver com os novos critérios legais de arbitrabilidade, constantes do art. 1.º, n.ºˢ 1 e 2, da LAV. Na redacção de 2008 desta alínea, fazia-se referência à eventualidade de tal inarbitrabilidade decorrer de o "direito litigioso não ser disponível". Tal referência correspondia ao critério legal então vigente (art. 1.º, n.º 1, da LAV 1986).

Agora, passa a referir-se que a última alternativa prevista nesta alínea decorre de o direito controvertido constante do título executivo que é a sentença arbitral "não ter carácter patrimonial e não poder ser objecto de transacção". Importa levar em consideração que, tratando-se de litígios que não envolvam interesses de natureza patrimonial, é válida a convenção de arbitragem "desde que as partes possam celebrar transacção sobre o direito controvertido" (art. 1.º, n.º 2, LAV).

3. O art. 815.º vê a sua redacção alterada através do aditamento de um inciso final "sem prejuízo do disposto nos n.ºˢ 1 e 2 do artigo 48.º da lei de arbitragem voluntária".

Este inciso reveste-se de importância, pois a remissão para o artigo da LAV mostra que ocorreu uma alteração de regime significativa. De facto, passa a haver limitações essenciais na invocação de fundamentos anulatórios de sentença arbitral na oposição à execução baseada em sentença arbitral: por um lado, na data de dedução da oposição não pode já ter sido rejeitado por sentença transitada em julgado um pedido de anulação de sentença arbitral com esse fundamento; por outro lado, existe um prazo de caducidade para a invocação na oposição de fundamentos de anulação que não sejam de conhecimento oficioso (os previstos na alínea a) do n.º 3 do art. 46.º da LAV), o de 60 dias fixado no n.º 6 do art. 46.º para a apresentação do pedido de anulação de sentença, "sem que nenhuma das partes haja pedido tal anulação".

4. A alteração do art. 1094.º, n.º 1, consiste em eliminar da previsão nesse preceito a referência à decisão proferida "por árbitros no estrangeiro". O sentido de eliminação encontra-se na solução de regular na LAV de forma completa o reconhecimento de sentença arbitral estrangeira (Capítulo X, arts. 55.º a 58.º), criando-se uma tramitação especial própria para tal reconhecimento (processo especial não previsto no CPC, mas em "legislação avulsa", no caso a LAV).

Os Tribunais da Relação têm competência para tramitar este processo, nos termos do art. 59.º, n.º 1, alínea h), da LAV[4].

---

[4] Afasta-se deste modo a criticada orientação jurisprudencial do Supremo Tribunal de Justiça que entendia que, para o processo especial de revisão de sentença arbitral estrangeira, eram

5. A alteração de redacção introduzida no art. 1527.º – preceito que regula a substituição dos árbitros na arbitragem necessária – decorre de, na redacção do n.º 1, haver uma referência expressa ao art. 13º da LAV 1986. Faz-se agora uma remissão para o disposto nos arts. 13.º, 15.º e 16.º da LAV.

ARM

Artigo 3.º – Remissões

Todas as remissões feitas em diplomas legais ou regulamentares para as disposições da Lei n.º 31/86, de 29 de Agosto, com a redacção que lhe foi dada pelo Decreto-Lei n.º 38/2003, de 8 de Março, devem considerar-se como feitas para as disposições correspondentes na nova Lei da Arbitragem Voluntária.

ANOTAÇÃO:
Corresponde ao art. 65.º do Anteprojecto de 2010 da APA.

Estabelece-se que as remissões feitas em normas legais ou regulamentares anteriores para a LAV 1986 consideram-se agora feitas para as disposições correspondentes da LAV. A título de exemplo refiram-se as remissões constantes dos arts. 1526.º, n.º 1, 1527.º, n.º 1 (agora alterado) e 1528.º do CPC, relativamente à arbitragem necessária, e do art. 181.º, n.º 1, do CPTA (Código de Processo nos Tribunais Administrativos). Já os regimes legais de arbitragem de conflitos em matéria tributária (Decreto-Lei n.º 10/2011, de 20 de Janeiro, alterado pelos arts. 160.º e 161.º da Lei n.º 64-B/2011, de 30 de Dezembro) e em matéria de conflitos colectivos de trabalho (Decreto-Lei n.º 259/2009, de 25 de Setembro) não contêm normas de remissão para a LAV 1986, embora o art. 505.º, n.º 4, do Código do Trabalho estabeleça que o regime geral da arbitragem voluntária é subsidiariamente aplicável às três espécies de arbitragem previstas neste Código (arbitragem voluntária; arbitragem obrigatória e arbitragem necessária).

ARM

Artigo 4.º – Disposição transitória

1 – Salvo o disposto nos números seguintes, ficam sujeitos ao novo regime da Lei da Arbitragem Voluntária os processos arbitrais que, nos termos do n.º 1 do artigo 33.º da referida lei, se iniciem após a sua entrada em vigor.

2 – O novo regime é aplicável aos processos arbitrais iniciados antes da sua entrada em vigor, desde que ambas as partes nisso acordem ou se uma delas

competentes os tribunais de primeira instância, não obstante o disposto no art. 1095.º do CPC.

formular proposta nesse sentido e a outra a tal não se opuser no prazo de 15 dias a contar da respectiva recepção.

3 – As partes que tenham celebrado convenções de arbitragem antes da entrada em vigor do novo regime mantêm o direito aos recursos que caberiam da sentença arbitral, nos termos do artigo 29.º da Lei n.º 31/86, de 29 de Agosto, com a redacção que lhe foi dada pelo Decreto-Lei n.º 38/2003, de 8 de Março, caso o processo arbitral houvesse decorrido ao abrigo deste diploma.

4 – A submissão a arbitragem de litígios emergentes de ou relativos a contratos de trabalho é regulada por lei especial, sendo aplicável, até à entrada em vigor desta o novo regime aprovado pela presente lei, e, com as devidas adaptações, o n.º 1 do artigo 1.º da Lei n.º 31/86, de 29 de Agosto, com a redacção que lhe foi dada pelo Decreto-Lei n.º 38/2003, de 8 de Março.

ANOTAÇÃO:

1. O presente preceito regula a aplicação no tempo da LAV. O Anteprojecto de 2010 da APA não continha normas de direito transitório, limitando-se o art. 62.º a dispor que a submissão a arbitragem de litígios emergentes de ou relativos a contratos de trabalho seria regulada por lei especial.

A Proposta de Lei n.º 48/XI incluiu disposição idêntica a este preceito, embora sem previsão da aceitação do requerido através do silêncio.

2. No n.º 1, estabelece-se a sujeição ao regime da LAV dos processos arbitrais que, nos termos do n.º 1 do art. 33.º desta última, se iniciem após a sua entrada em vigor. O momento temporal relevante é, pois, a data em que o pedido da submissão do litígio a arbitragem é recebido pelo requerido, futuro demandado. Na arbitragem *ad hoc* releva a data em que o requerido receba o pedido de designação do árbitro nos termos do art. 10.º, n.º 4, e 33.º, n.º 1, da LAV. Na arbitragem institucionalizada haverá que observar o disposto no respectivo Regulamento, podendo tal momento coincidir com a citação do requerido[5].

Aos processos arbitrais pendentes na data da entrada em vigor da LAV aplica-se a LAV 1986.

3. As partes podem acordar na aplicação da LAV a processos já iniciados na data da entrada em vigor desta última. Haverá, assim, uma situação de retrospectividade ou de retroactividade em sentido impróprio da LAV, por acordo dos litigantes. Entende-se que existe acordo se uma das partes formular proposta nesse sentido e a outra a tal não se opuser no prazo de 15 dias a contar da recepção da proposta. A lei dispõe assim que o silêncio tem o valor de declaração de aceitação (cfr. art. 218.º CC).

4. O n.º 3 estabelece que, em arbitragens iniciadas no domínio da LAV, as partes mantêm o direito aos recursos que caberiam da sentença arbitral nos termos

---

[5] Veja-se o art. 18.º do Regulamento de Arbitragem de 2008 da ACL/CCIP.

do art. 29.º da LAV 1986 quando as respectivas convenções de arbitragem tenham sido celebradas antes da entrada em vigor do novo regime. Trata-se de uma norma que tutela as expectativas das partes de uma convenção de arbitragem celebrada no domínio de vigência da LAV 1986 que não tenham renunciado aos recursos, embora o direito ao recurso só surja após a prolação da sentença arbitral. Sem esta ressalva (cfr. arts. 39.º, n.º 4, e 46.º, n.º 1 da LAV), a aplicação imediata da eliminação dos recursos poderia afectar de forma "extraordinariamente onerosa e excessiva" as expectativas das partes, podendo acarretar a sua inconstitucionalidade material por violação do princípio do Estado de direito democrático[6].

Deve notar-se que quer a LAV 1986 quer a LAV considera irrecorrível a sentença arbitral proferida em arbitragem internacional (cfr. art. 34.º daquela lei e art. 53.º da LAV), não tendo havido mudança de regulamentação e, por isso, não se aplica neste caso a ressalva deste artigo.

5. O n.º 4 estabelece o princípio de que a submissão a arbitragem de litígios emergentes de ou relativos a contratos de trabalho é regulada por lei especial. Não tendo sido ainda publicada tal lei quanto aos contratos individuais de trabalho, este preceito estabelece a aplicação, até à entrada em vigor de tal lei, do regime da LAV e, com as devidas adaptações, do n.º 1 do art. 1.º da LAV 1986. Tal significa que o critério de arbitrabilidade nestes casos é o da disponibilidade dos direitos do trabalhador e não o critério da patrimonialidade previsto no art. 1.º, n.º 1, LAV. A arbitragem será possível desde que não estejam em causa direitos indisponíveis do trabalhador.

6. Deve notar-se que não foi incluída no diploma preambular uma disposição sobre a aplicação no espaço da LAV (cfr. art. 62.º do Anteprojecto de 2010 da APA) – à semelhança do art. 37.º da LAV 1986 – constando esse regime do art. 61.º da LAV (disposições finais).

ARM

Artigo 5.º – Norma revogatória

1 – É revogada a Lei n.º 31/86, de 29 de Agosto, com a redacção que lhe foi dada pelo Decreto-Lei n.º 38/2003, de 8 de Março, com excepção do disposto no n.º 1 do artigo 1.º, que se mantém em vigor para a arbitragem de litígios emergentes de ou relativos a contratos de trabalho.

2 – São revogados o n.º 2 do artigo 181.º e o artigo 186.º do Código de Processo nos Tribunais Administrativos.

3 – É revogado o artigo 1097.º do CPC.

---

[6] Cfr. Acórdão n.º 287/90 do Tribunal Constitucional, in *AcTc*, 17.º vol., págs. 159 e segs., a propósito de uma norma julgada inconstitucional que estabelecia que a matéria de admissibilidade dos recursos por efeito da relação do valor da causa com o valor das alçadas era regulada pela lei em vigor ao tempo em que fosse proferida a decisão recorrida.

ANOTAÇÃO:
1. A fonte deste preceito é o art. 66.º do Anteprojecto de 2010 da APA e corresponde com alterações ao art. 5.º da Proposta de Lei n.º 48/XI.
2. No n.º 1 é revogada a LAV 1986 com excepção do disposto no art. 1.º, n.º 1, deste diploma, o qual se mantém em vigor para a arbitragem de litígios emergentes de ou relativos a contratos de trabalho, Esta excepção decorre da solução consagrada ao n.º 4 do art. 4.º deste diploma preambular (cfr. respectiva anotação).
3. A revogação do n.º 2 do art. 181.º do CPTA decorre do disposto no art. 59.º, n.ºˢ 2, 3, 4 e 6 da LAV, preceitos onde se estabelece o quadro de competências dos Tribunais Centrais Administrativos e do seu Presidente no que toca aos litígios arbitrais de natureza administrativa, deixando de fazer sentido estabelecer-se uma equivalência dos tribunais previstos na LAV 1986 aos correspondentes tribunais administrativos que constava da norma agora revogada.
A revogação do art. 186.º do CPTA decorre da circunstância de o novo quadro de impugnação das sentenças arbitrais (cfr. arts. 39.º, n.º 4, e 46.º, n.º 1.º, da LAV) ser comum a todos os processos arbitrais independentemente da natureza do litígio, fazendo a LAV uma distinção apenas em matéria de competência dos tribunais estaduais (art. 59.º).
4. A revogação do art. 1097.º do CPC resulta da circunstância de o reconhecimento da sentença arbitral estrangeira estar integralmente regulado pelos arts. 55.º a 58.º da LAV. A mesma solução implicou a alteração da redacção do art. 1094.º do CPC, nos termos do art. 2.º deste diploma preambular.

ARM

Artigo 6.º – Entrada em vigor
A presente lei entra em vigor três meses após a data da sua publicação.

ANOTAÇÃO:
É fixada uma *vacatio legis* alargada, atendendo as modificações introduzidas na regulamentação da arbitragem voluntária.

Aprovada em 4 de Novembro de 2011.
A Presidente da Assembleia da República, Maria da Assunção A. Esteves.
Promulgada em 29 de Novembro de 2011.
Publique-se.
O Presidente da República, *Aníbal Cavaco Silva*.
Referendada em 30 de Novembro de 2011.
O Primeiro-Ministro, *Pedro Passos Coelho*.

Lei da Arbitragem Voluntária

CAPÍTULO I – Da convenção de arbitragem

Artigo 1.º – Convenção de arbitragem

1 – Desde que por lei especial não esteja submetido exclusivamente aos tribunais do Estado ou a arbitragem necessária, qualquer litígio respeitante a interesses de natureza patrimonial pode ser cometido pelas partes, mediante convenção de arbitragem, à decisão de árbitros.

2 – É também válida uma convenção de arbitragem relativa a litígios que não envolvam interesses de natureza patrimonial, desde que as partes possam celebrar transacção sobre o direito controvertido.

3 – A convenção de arbitragem pode ter por objecto um litígio actual, ainda que afecto a um tribunal do Estado (compromisso arbitral), ou litígios eventuais emergentes de determinada relação jurídica contratual ou extracontratual (cláusula compromissória).

4 – As partes podem acordar em submeter a arbitragem, para além das questões de natureza contenciosa em sentido estrito, quaisquer outras que requeiram a intervenção de um decisor imparcial, designadamente as relacionadas com a necessidade de precisar, completar e adaptar contratos de prestações duradouras a novas circunstâncias.

5 – O Estado e outras pessoas colectivas de direito público podem celebrar convenções de arbitragem, na medida em que para tanto estejam autorizados por lei ou se tais convenções tiverem por objecto litígios de direito privado.

ANOTAÇÃO:

N.ᵒˢ 1 e 2. Conjuga-se neste preceito, pelo que respeita à delimitação dos litígios arbitráveis, o critério da *patrimonialidade* dos interesses em litígio, a que se refere o n.º 1, com o da *transigibilidade* do direito controvertido, acolhido no n.º 2 como critério alternativo. Devem ter-se como patrimoniais, para este efeito, os interesses que podem ser avaliados em dinheiro; são insusceptíveis de transacção, nos termos do art. 1249.º do Código Civil, os direitos de que os respectivos titulares não podem dispor e as questões respeitantes a negócios ilícitos. O critério de arbitrabilidade consignado no n.º 1 encontra igualmente acolhimento no art. 177, n.º 1, da lei suíça de Direito Internacional Privado ("Lei Suíça DIP") e no § 1030, n.º 1, do CPC alemão ("Lei Alemã"); o do n.º 2 figura também neste último preceito.

Ao novo regime legal da arbitrabilidade presidem, fundamentalmente, três ordens de considerações:

a) Por um lado, admitiu-se ser conveniente alargar, por comparação com a Lei n.º 31/86, de 29 de Agosto (que se referia nesta matéria à disponibilidade dos direitos em litígio), o âmbito das questões susceptíveis de serem cometidas à decisão de árbitros, estendendo-o a litígios relativos a direitos indisponíveis, mas de índole exclusivamente patrimonial, relativamente aos quais nenhuma razão ponderosa se opõe a que sejam dirimidos por árbitros (como é o caso, por exemplo, do direito de sequência previsto no art. 54.º do Código do Direito de Autor e dos Direitos Conexos).

b) Por outro lado, revelou-se necessário evitar as dificuldades que a qualificação dos direitos em questão como disponíveis por vezes suscita (consoante sucedeu na jurisprudência portuguesa, por exemplo, a respeito do direito do agente comercial à indemnização de clientela prevista no art. 33.º do D.L. n.º 178/86, de 3 de Julho).

c) Finalmente, teve-se em conta que, como há muito fora salientado na doutrina portuguesa, não existe qualquer relação necessária entre a disponibilidade de um direito subjectivo e a admissibilidade da sujeição a árbitros de um litígio a ele respeitante, uma vez que, ao celebrarem uma convenção de arbitragem, as partes não renunciam nem alienam esse direito.

Nº 3. Além de litígios actuais (*hoc sensu,* já suscitados ao tempo da sua submissão a árbitros), o n.º 3 admite, na esteira da LAV 1986, a sujeição a árbitros dos litígios que possam resultar de determinada relação jurídica, contratual ou extracontratual. Acolhe-se assim, no tocante à convenção de arbitragem, o sistema dualista, que distingue – embora equiparando-os sob o ponto de vista dos seus efeitos jurídicos – o *compromisso arbitral* e a *cláusula compromissória.* Esta solução tem também consagração em outras legislações, como, por exemplo, a alemã (§ 1029, n.º 1, da Lei Alemã) e a francesa (art. 1442 do CPC – "Lei Francesa"). Ela está igualmente prevista no art. 7 (1), da Lei-Modelo sobre a arbitragem comercial internacional da Comissão das Nações Unidas Para o Direito Comercial Internacional (UNCITRAL) ("Lei-Modelo").

Nº 4. Dando igualmente continuidade a uma solução já acolhida na Lei n.º 31/86, a nova Lei da Arbitragem Voluntária permite que sejam cometidos a árbitros *conflitos de interesses desprovidos de carácter contencioso* (por lhes faltarem os elementos constitutivos de um litígio: uma pretensão e a resistência a esta), como a revisão de contratos, mas que requeiram a intervenção de um decisor imparcial. O que pode justificar-se a diversos títulos:

a) Por um lado, a circunstância de a intervenção de um terceiro na resolução do conflito se sujeitar ao formalismo próprio do processo arbitral confere maiores garantias ao desempenho da missão que lhe foi confiada;

b) Por outro, a atribuição da força de caso julgado à decisão por ele proferida, logo que esta seja insusceptível de recurso, assim como de força executiva, favorece a resolução definitiva das questões por ele apreciadas e o cumprimento voluntário de quanto a respeito delas for determinado. Neste ponto, o Direito português aproxima-se do holandês, pois também este admite expressamente, no art. 1020, n.º 4, do CPC ("Lei Holandesa"), que as partes submetam a arbitragem a determinação da qualidade ou do estado de certos bens, a determinação do valor de um dano ou de uma dívida pecuniária e o preenchimento de lacunas ou a modificação de uma relação jurídica entre as partes.

Nº5. A possibilidade de o Estado e outras pessoas colectivas públicas celebrarem convenções de arbitragem, desde que para tanto se encontrem autorizados por lei ou se os litígios em causa tiverem por objecto relações de Direito Privado, encontrava-se já prevista no art. 1.º, n.º 4, da LAV 1986. Consagram aquela autorização, designadamente, os artigos 180.º e seguintes do CPTA.

Dário Moura Vicente (DMV)

Artigo 2.º – Requisitos da convenção de arbitragem; sua revogação

1 – A convenção de arbitragem deve adoptar forma escrita.

2 – A exigência de forma escrita tem-se por satisfeita quando a convenção conste de documento escrito assinado pelas partes, troca de cartas, telegramas, telefaxes ou outros meios de telecomunicação de que fique prova escrita, incluindo meios electrónicos de comunicação.

3 – Considera-se que a exigência de forma escrita da convenção de arbitragem está satisfeita quando esta conste de suporte electrónico, magnético, óptico, ou de outro tipo, que ofereça as mesmas garantias de fidedignidade, inteligibilidade e conservação.

4 – Sem prejuízo do regime jurídico das cláusulas contratuais gerais, vale como convenção de arbitragem a remissão feita num contrato para documento que contenha uma cláusula compromissória, desde que tal contrato revista a forma escrita e a remissão seja feita de modo a fazer dessa cláusula parte integrante do mesmo.

5 – Considera-se também cumprido o requisito da forma escrita da convenção de arbitragem quando exista troca de uma petição e uma contestação em processo arbitral, em que a existência de tal convenção seja alegada por uma parte e não seja negada pela outra.

6 – O compromisso arbitral deve determinar o objecto do litígio; a cláusula compromissória deve especificar a relação jurídica a que os litígios respeitem.

ANOTAÇÃO:
Nº 1. A fim de ser juridicamente relevante, a vontade de cometer a árbitros a resolução de um ou mais litígios tem de ser devidamente exteriorizada. No tocante ao modo pelo qual há-de dar-se essa exteriorização, predomina a exigência de *forma escrita*, consignada no art. II, n.º 1, da Convenção de Nova Iorque Sobre o Reconhecimento e a Execução de Sentenças Arbitrais Estrangeiras ("Convenção de Nova Iorque"), no art. 7 (2), da Lei-Modelo, no § 1031, n.º 1, da Lei Alemã e no art. 1443 da Lei Francesa. É também esse o regime consagrado no art. 2.º, n.º 1, da LAV, o qual retoma, neste particular, a regra já constante da lei anterior. Bem se compreende que assim seja: a convenção de arbitragem, em qualquer das suas modalidades, retira jurisdição aos tribunais estaduais; é a gravidade deste efeito, que contende com o acesso aos tribunais estaduais, que justifica que se exija forma escrita para a convenção de arbitragem em qualquer das suas modalidades. Deste modo se assegura que as partes ponderam devidamente as consequências da sua opção, evitando-se, do mesmo passo, incertezas quanto à jurisdição competente.

Nº 2. Na esteira da Convenção de Nova Iorque e da Lei-Modelo, explicita-se o que deve entender-se, para este efeito, por forma escrita, declarando que se tem por satisfeita essa exigência quando a convenção conste de documento escrito assinado pelas partes, troca de cartas, telegramas, telefaxes ou outros meios de telecomunicação de que fique prova escrita, incluindo meios electrónicos de comunicação. Decorre daqui que não é necessária a assinatura pelas partes do ou dos documentos que contenham as respectivas declarações de vontade, podendo a autoria desses documentos ser provada por outros meios; o que tem evidente relevância, por exemplo, no que respeita a documentos produzidos por computador, os quais frequentemente não são assinados.

Nº 3. No tocante ao valor formal das convenções de arbitragem concluídas por meios electrónicos, retoma-se a regra, já constante do art. 26.º, n.º 1, do Decreto-Lei n.º 7/2004, de 7 de Janeiro, que transpôs para a ordem jurídica portuguesa a Directiva 2000/31/CE do Parlamento Europeu e do Conselho, de 8 de Junho de 2000, sobre o Comércio Electrónico, nos termos do qual as declarações emitidas desse modo «satisfazem a exigência legal de forma escrita quando contidas em suporte que ofereça as mesmas garantias de fidedignidade, inteligibilidade e conservação». Preenche estas condições, por exemplo, a convenção de arbitragem expressa em caracteres e registada num suporte informático (v.g. o disco rígido de um computador), que permita a sua conservação e posterior leitura por um ser humano, ainda que por intermédio de uma máquina. A validade da convenção de arbitragem não é, assim, prejudicada pela circunstância de a mesma ser representada num documento electrónico. Esta solução está em consonância com o disposto no art. 7 (4), da Lei-Modelo, na redacção que lhe foi dada em 2006.

Nº 4. São frequentes as situações em que um contrato individualmente negociado remete para um contrato-tipo elaborado por determinada associação empresarial, para um contrato anteriormente celebrado entre as mesmas partes ou para um contrato celebrado por uma das partes com um terceiro (por exemplo, um contrato de empreitada em que o cumprimento das obrigações do empreiteiro é garantido por uma instituição financeira através de uma garantia bancária ou de um seguro-caução; ou um contrato de fretamento de um navio celebrado por quem se obrigou a transportar determinadas mercadorias por mar), o qual é desse modo incorporado naquele. Quando os documentos contratuais para que for feita tal remissão contiverem uma convenção de arbitragem, levanta-se a questão de saber se a mesma vincula as partes. O n.º 4 admite expressamente a validade da convenção de arbitragem concluída nesses termos, contanto que contrato em apreço revista a forma escrita e a remissão seja feita de modo a fazer dessa cláusula parte integrante do mesmo. Acolhe-se assim a fórmula consignada no art. 7 (6), da Lei-Modelo, também recebida no § 1031, n.º 3, da Lei Alemã.

Nº 5. A solução constante do n.º 5 é inovadora na lei portuguesa, embora já fosse anteriormente defendida na doutrina nacional. Tem como fonte o art. 7 (5), da Lei-Modelo. Acolhem-na igualmente, por exemplo, o § 1031, n.º 5, da Lei Alemã e a secção 5, n.º 5, do *Arbitration Act* inglês.

N.º 6. Com uma pequena modificação, tendente a evitar as dúvidas que poderia suscitar a anterior exigência de «precisão» no que toca à determinação do objecto do litígio, retoma-se neste preceito o disposto no art. 2.º, n.º 3, da LAV 1986.

DMV

Artigo 3.º – Nulidade da convenção de arbitragem
É nula a convenção de arbitragem celebrada em violação do disposto nos artigos 1.º e 2.º.

ANOTAÇÃO:
Este preceito reitera, alargando o seu escopo, a sanção de nulidade já cominada pela LAV 1986 para a violação das regras legais respeitantes à convenção de arbitragem. Sanção idêntica figura, por exemplo, nos arts. 1443 e 1445 da Lei Francesa e no art. 807 do CPC italiano ("Lei Italiana"). Deve, em todo o caso, entender-se que vale também nesta matéria o princípio do aproveitamento dos negócios jurídicos, pelo que a nulidade parcial de uma convenção de arbitragem (decorrente, *v.g.*, de se cometer nela a árbitros não apenas a decisão de questões respeitantes a interesses patrimoniais, mas também de outras, insusceptíveis de transacção) não deverá determinar a invalidade de toda ela, salvo quando se mostre que a mesma não teria sido concluída sem a parte viciada.

DMV

Artigo 4.º – Modificação, revogação e caducidade da convenção

1 – A convenção de arbitragem pode ser modificada pelas partes até à aceitação do primeiro árbitro ou, com o acordo de todos os árbitros, até à prolação da sentença arbitral.

2 – A convenção de arbitragem pode ser revogada pelas partes, até à prolação da sentença arbitral.

3 – O acordo das partes previsto nos números anteriores deve revestir a forma escrita, observando-se o disposto no artigo 2.º.

4 – Salvo convenção em contrário, a morte ou extinção das partes não faz caducar a convenção de arbitragem nem extingue a instância arbitral.

ANOTAÇÃO:
Nº 1. A susceptibilidade de modificação da convenção de arbitragem por acordo celebrado entre as partes é um corolário do princípio da autonomia privada, que domina o regime da arbitragem voluntária. A circunstância, porém, de haver que conciliar esse exercício da autonomia privada com a tutela da confiança dos árbitros já nomeados e a índole jurisdicional da função por estes exercida levou a introduzir neste preceito duas importantes limitações: por um lado, após a aceitação do primeiro árbitro, tal modificação apenas será possível com o acordo de todos os árbitros; por outro, ela não é admitida após a prolação da sentença arbitral.

Nº 2. Retoma-se neste preceito o regime constante do art. 2.º, n.º 4, da LAV 1986.

Nº 3. Exige-se para a modificação e a revogação da convenção de arbitragem, a observância da mesma forma que esta última deve revestir. Veja-se, quanto às razões justificativas desta exigência – as quais são extensíveis à modificação e revogação da convenção – o que se deixou dito acima, na nota 1 ao art. 2.º.

Nº 4. Corresponde ao disposto no art. 4.º, n.º 2, da LAV 1986.

DMV

Artigo 5.º – Efeito negativo da convenção de arbitragem

1 – O tribunal estadual no qual seja proposta acção relativa a uma questão abrangida por uma convenção de arbitragem deve, a requerimento do réu deduzido até ao momento em que este apresentar o seu primeiro articulado sobre o fundo da causa, absolvê-lo da instância, a menos que verifique que, manifestamente, a convenção de arbitragem é nula, é ou se tornou ineficaz ou é inexequível.

2 – No caso previsto no número anterior, o processo arbitral pode ser iniciado ou prosseguir, e pode ser nele proferida uma sentença, enquanto a questão estiver pendente no tribunal estadual.

CAPÍTULO I - DA CONVENÇÃO DE ARBITRAGEM/ARTIGO 5.º

3 – O processo arbitral cessa e a sentença nele proferida deixa de produzir efeitos, logo que um tribunal estadual considere, mediante decisão transitada em julgado, que o tribunal arbitral é incompetente para julgar o litígio que lhe foi submetido, quer tal decisão seja proferida na acção referida no n.º 1 do presente artigo, quer seja proferida ao abrigo do disposto no n.º 9 do artigo 18.º, e nas subalíneas i) e iii) da alínea a) do n.º 3 do artigo 46.º.

4 – As questões da nulidade, ineficácia e inexequibilidade de uma convenção de arbitragem não podem ser discutidas autonomamente em acção de simples apreciação proposta em tribunal estadual nem em procedimento cautelar instaurado perante o mesmo tribunal, que tenha como finalidade impedir a constituição ou o funcionamento de um tribunal arbitral.

ANOTAÇÃO:

Nº 1. Além do *efeito positivo* consistente na atribuição de competência ao tribunal arbitral para julgar o litígio ou litígios visados pela convenção de arbitragem, esta produz ainda um *efeito negativo*, que se traduz na incompetência dos tribunais estaduais para conhecerem desse litígio ou desses litígios. É este último que se regula na presente disposição, cujo n.º 1 acolhe, no essencial, a doutrina já fixada no art. II, n.º 3, da Convenção de Nova Iorque e no art. 8 da Lei-Modelo, conforme a qual o tribunal estadual a que seja submetida questão compreendida no escopo de uma convenção de arbitragem deve remeter as partes para a arbitragem, a menos que verifique que aquela é ineficaz ou inexequível. Aditou-se contudo na disposição em apreço a exigência de que, a fim de que a ressalva constante da parte final possa operar, os valores negativos da convenção de arbitragem nela referidos sejam manifestos. Neste ponto, a LAV aproxima-se do disposto no art. 1448 da Lei Francesa, que, na redacção dada em 2011, igualmente consagra essa exigência. Em virtude da regra consignada no n.º 1, aos tribunais estaduais apenas é dado procederem a um controlo *prima facie* da validade, eficácia e exequibilidade da convenção de arbitragem, cuja apreciação é assim deferida ao próprio tribunal arbitral. É o chamado *efeito negativo da competência-competência* (a qual se encontra genericamente disciplinada no art. 18.º). Funda-se essa solução, principalmente, em duas ordens de considerações: por um lado, evitar manobras dilatórias de qualquer das partes na convenção de arbitragem; por outro, centralizar no tribunal arbitral o contencioso relativo à validade, eficácia e exequibilidade da convenção. Reflecte-se também nela o *favor arbitrandum* que inspira a lei portuguesa.

Nº 2. Corresponde ao disposto no art. 8 (2), da Lei-Modelo. Em virtude deste preceito, a propositura perante o tribunal estadual de uma acção relativa a um litígio que constitua objecto de uma convenção de arbitragem não impede a instauração ou a prossecução do processo arbitral, nem a prolação neste de uma sentença. Trata-se de um corolário do referido efeito negativo, que se funda na mesma ordem de considerações que a ele subjazem.

Nº 3. Não obstante a preferência conferida por este preceito ao tribunal arbitral no tocante à apreciação, em primeira linha, da validade, eficácia e exequibilidade da convenção de arbitragem, a decisão por ele proferida sobre a sua própria competência está sujeita à sindicância dos tribunais estaduais, nos termos dos arts. 18.º, n.º 9, e 46.º, n.º 3, alínea *a*), subalíneas *i*) e *iii*), da presente Lei. O disposto no n.º 3 do preceito em anotação determina, em conformidade com essas outras disposições, que o processo arbitral cessa e a sentença nele proferida deixa de produzir efeitos, se um tribunal estadual considerar, mediante decisão transitada em julgado, que o tribunal arbitral é incompetente para julgar o litígio que lhe foi submetido.

Nº 4. Consagra-se neste preceito outro corolário do efeito negativo da competência-competência, impedindo que a eficácia e a exequibilidade de uma convenção de arbitragem sejam discutidas autonomamente em acção de simples apreciação proposta perante um tribunal estadual ou em procedimento cautelar perante ele instaurado, que tenha como finalidade impedir a constituição ou o funcionamento de um tribunal arbitral. Proscrevem-se assim, no ordenamento jurídico português, as denominadas *anti-arbitration injunctions*.

DMV

Artigo 6.º – Remissão para regulamentos de arbitragem

Todas as referências feitas na presente lei ao estipulado na convenção de arbitragem ou ao acordo entre as partes abrangem não apenas o que as partes aí regulem directamente, mas também o disposto em regulamentos de arbitragem para os quais as partes hajam remetido.

ANOTAÇÃO:

A autonomia privada, em que assenta a arbitragem voluntária, compreende a faculdade de as partes submeterem a respectiva disciplina ao disposto em regulamentos de arbitragem. Equipara-se neste preceito a remissão assim feita pelas partes ao que por elas houver sido estipulado na convenção de arbitragem ou de outro modo acordado. Idêntica solução figurava já no art. 15.º, n.º 2, da LAV 1986, pelo que respeita às regras de processo a observar na arbitragem voluntária. A criação de centros de arbitragem institucionalizada, dos quais frequentemente emanam os regulamentos a que alude este preceito, encontra-se subordinada ao disposto no art. 62.º.

DMV

Artigo 7.º – Convenção de arbitragem e providências cautelares decretadas por tribunal estadual

Não é incompatível com uma convenção de arbitragem o requerimento de providências cautelares apresentado a um tribunal estadual, antes ou durante o processo arbitral, nem o decretamento de tais providências por aquele tribunal.

ANOTAÇÃO:
O efeito negativo da convenção de arbitragem, previsto no art. 5.º, não impede que os tribunais estaduais funcionem, em determinadas situações, como *jurisdições de apoio* ao tribunal arbitral. Entre essas situações inclui-se o decretamento de providências cautelares, que o preceito em anotação expressamente admite sejam directamente requeridas a um tribunal estadual, antes ou mesmo durante o processo arbitral, em ordem a assegurar a respectiva eficácia. A regra está em sintonia com o disposto no art. 9 da Lei-Modelo e figura igualmente no § 1033 da Lei Alemã, bem como no art. 1449 da Lei Francesa. Sobre o decretamento de providências cautelares pelo tribunal arbitral, *vide* o disposto nos arts. 20.º e seguintes da presente Lei.

CAPÍTULO II – Dos árbitros e do tribunal arbitral

Artigo 8.º – Número de árbitros

1 – O tribunal arbitral pode ser constituído por um único árbitro ou por vários, em número ímpar.

2 – Se as partes não tiverem acordado no número de membros do tribunal arbitral, é este composto por três árbitros.

ANOTAÇÃO:
Esta norma tem como fonte o artigo 10º da Lei-Modelo e o artigo 6º, nºs 1 e 2 da LAV 1986 e exprime uma mera concretização do princípio da autonomia das partes no que se refere à conformação do tribunal arbitral.

A lei exige que os árbitros sejam em número ímpar, por razões pragmáticas de eficácia, para evitar riscos de que possam ser na prática diminuídas as condições para uma decisão maioritária. É certo que existem situações conhecidas a nível internacional, nomeadamente no Reino Unido, em que o tribunal arbitral pode ter, em certas condições, número par de membros, mas não parece esta uma solução sensata. A regra subsidiária que determina que, se as partes nada tiverem acordado, o tribunal terá três árbitros também se justifica por razões pragmáticas e de eficiência (em relação à hipótese de se ter optado na convenção ou em documento subscrito pelas partes por um número maior de árbitros) e, ainda, de respeito pela tradição de existir um órgão arbitral colegial, o que em regra corresponde à vontade das partes.[7]

---

[7] Não obstante, começam a surgir cada vez mais exemplos de regulamentos que essencialmente por questões de eficiência / custos estabelecem como solução subsidiária o árbitro

O acordo das partes para um número diverso de árbitros pode ser concretizado através de cláusula compromissória em documento contratual ou por compromisso arbitral posterior, nos termos do artigo 1º da LAV. Esse acordo pode também resultar da opção das partes em submeterem o litígio a um processo institucional de arbitragem, aderindo às regras da instituição que escolherem.

José Miguel Júdice (JMJ)

Artigo 9.º – Requisitos dos árbitros

1 – Os árbitros devem ser pessoas singulares e plenamente capazes.

2 – Ninguém pode ser preterido, na sua designação como árbitro, em razão da nacionalidade, sem prejuízo do disposto no n.º 6 do artigo 10.º e da liberdade de escolha das partes.

3 – Os árbitros devem ser independentes e imparciais.

4 – Os árbitros não podem ser responsabilizados por danos decorrentes das decisões por eles proferidas, salvo nos casos em que os magistrados judiciais o possam ser.

5 – A responsabilidade dos árbitros prevista no número anterior só tem lugar perante as partes.

ANOTAÇÃO:
Este artigo da LAV incorpora importantes inovações normativas em relação à LAV 1986, na linha das tendências legislativas, jurisprudenciais e doutrinárias internacionais dominantes.

Nº 1. A fonte desta norma é o artigo 8º da LAV 1986 e corresponde à, dir-se-ia, unânime opção das leis arbitrais conhecidas. Continua a ser claro que os tribunais arbitrais são formados por pessoas físicas, não sendo possível a nomeação de entidades coletivas que depois designam um dos seus membros para concretizar os atos necessários, como por vezes acontece com "expert witnesses" em arbitragens internacionais. O requisito da capacidade plena deve ser interpretado nos termos do Código Civil Português (artigos 66º e seguintes).

Nº 2. A fonte aqui é o artigo 11 (1) da Lei-Modelo e o artigo 13º da Lei de Arbitragem Espanhola (Lei Espanhola). A norma é totalmente inovadora na legislação portuguesa. Esta regra é sobretudo importante para casos em que, por algum critério de conexão, a arbitragem tenha dimensão internacional e não tanto por constituir um afloramento de uma eticidade jurídica anti-discriminação. De facto a norma

único. Pela novidade desta norma em Portugal, destaca-se aqui o artigo 5º nº2 do Regulamento de Arbitragem do Centro de Arbitragem Comercial da Câmara de Comércio e Indústria Portuguesa (CAC), nos termos do qual na falta de acordo das Partes, o tribunal arbitral será composto por um árbitro único.

nada diz sobre outras opções discriminatórias possíveis como o sexo ou a religião[8] e permite às partes optar por soluções que excluam árbitros em função da nacionalidade. Os principais destinatários deste comando normativo são as entidades com poderes de nomeação e os tribunais, que podem ser confrontados com pedidos de uma das partes quanto à nomeação de um árbitro de um dado país. Nesse caso não podem decidir não ponderar tal pedido, em função deste artigo. Quando muito a questão do idioma da arbitragem pode levar a que – através do atributo das qualidades para exercer o mandato – a opção por um não nacional português deva considerar alguém fluente no idioma da arbitragem e, também, no ou nos prováveis idiomas de trabalho que possam vir a ser usados

Também muito relevante é a exceção do nº 6 do artigo 10º, remetendo-se para a anotação que será feita infra a propósito dessa norma.

Nº 3. Esta norma é inovadora no sistema legal português e inspira-se no artigo 8º da Lei Sueca de Arbitragem (Lei Sueca), no artigo 17º, nº 1 da Lei Espanhola e, de um modo geral, nas leis e regulamentos arbitrais em vigor na generalidade dos países. O requisito da independência e da imparcialidade dos árbitros, assumido de forma inequívoca, é um dos pontos essenciais da LAV. Deixa de ser legal que qualquer das partes (ou todas elas) nomeie árbitros que não passem no teste da independência (que é um fator objetivo) e que falhem no da imparcialidade (que é um fator subjetivo). E estas características devem existir e manter-se durante todo o processo arbitral e não apenas no seu início. Para a determinação dos adequados critérios interpretativos destes conceitos normativos é essencial recorrer à jurisprudência e à doutrina internacionais e também à "soft law", como são as Regras da IBA sobre Conflitos de Interesse[9] e em Portugal as da Associação Portuguesa de Arbitragem.[10] Os riscos da escolha de árbitros que possam ser considerados não independentes "aos olhos das partes", ou que se comportem de forma parcial, passam a ser muito reais, podendo conduzir à anulação de sentenças arbitrais, tanto mais que a tendência internacional é no sentido do aumento do rigor dos critérios a aplicar. Adiante, em anotações mais específicas, se acrescentará algo mais sobre este relevante tema.

Nº 4. As fontes inspiradoras desta norma são o artigo 813-ter (II) do CPC Italiano (Lei Italiana) e o artigo 4º, nº 3, da Lei de Organização e Funcionamento dos Tribunais Judiciais (LOFTJ). A maioria das leis ou normas reguladoras das arbitragens noutros países não contém um comando expresso neste sentido, embora a solução corresponda à doutrina e jurisprudência pacificamente aceites a nível internacional. Esta norma não parece suscitar, por isso, especiais dificuldades interpretativas,

---

[8] Esta última forma de discriminação tem sido internacionalmente muito debatida, sobretudo no âmbito da controvérsia gerada no caso Jivraj vs Haswani, apreciado pelos tribunais ingleses (cfr. referência na Revista Internacional de Arbitragem e Conciliação, n.º 4 (2011), págs. 264-268).
[9] http://www.int-bar.org/images/downloads/guidelines%20text.pdf.
[10] http://arbitragem.pt/projectos/cda/apa-codigo-deontologico-final.htm.

devendo o intérprete e o árbitro socorrerem-se da doutrina e jurisprudência relativas à responsabilidade dos magistrados judiciais. O árbitro desempenha uma função jurisdicional prevista na Constituição, pelo que deve para todos os efeitos previstos na LAV – salvo quando a especificidade da sua situação imponha uma solução diferente – ser equiparado ao juiz. Pode afirmar-se que, no caso do árbitro, a inexistência de instância de recurso para as sentenças arbitrais, como regra, aumenta os deveres de cuidado dos árbitros, mas não amplia a sua responsabilidade, visto que se abrangem nesta responsabilização as situações conhecidas de dolo e culpa grave, que estão adequadamente sistematizadas na doutrina e na jurisprudência. Outros casos de responsabilidade dos árbitros por violação dos seus deveres (que não pelo conteúdo das suas decisões) estão previstos nos artigos 12, nº 3, 15, nº 2 e 43º, nº 4, da LAV. Também se deve realçar a alteração em relação ao regime da LAV 1986 onde se fazia referência ao regime de "impedimentos" dos magistrados judiciais, que deixou de ser relevante de modo autónomo, sendo-o apenas as situações aí contempladas que se revelem ser relevantes quando apreciadas através do crivo da independência.

Nº 5. Esta norma, que tem como inspiração o artigo 11 (3) da Lei-Modelo e os artigos 7º, nº 2, e 11º, nºs 3 e 6 da LAV 1986, suscitou alguma controvérsia no debate parlamentar que antecedeu a votação da LAV na especialidade, tendo sido aliás fundamento para a abstenção do PS na votação final da proposta de lei do Governo. Mas sem razão. De facto, o processo arbitral apenas abrange as partes que nele participam e, por isso, os seus efeitos nunca serão oponíveis a pessoas físicas ou coletivas que nele não tenham participado, a não ser na exata medida em que o sejam também nos processos judiciais. Existe uma ontológica impossibilidade de que terceiros possam ser lesados por decisões arbitrais *per se*. Outra coisa será, como é evidente, que um ou vários árbitros pratiquem no âmbito do processo arbitral atos que afetem terceiros, designadamente sendo passíveis de censura jurídico-penal. Mas esses casos, seguramente raros, têm a proteção jurídica que está assegurada pelo sistema normativo português a quaisquer atos lesivos de direitos, não se justificando que num diploma legal que pretende apenas regular as arbitragens seja previsto expressa e redundantemente tal proteção. Desta norma também resulta que o Estado não pode demandar árbitros, no âmbito do regime do direito de regresso, como acontece com os Juízes de tribunais estaduais, pois as partes nas arbitragens não podem exigir indemnização ao Estado por atos ou omissões dos árbitros.

JMJ

Artigo 10.º – Designação dos árbitros

1 – As partes podem, na convenção de arbitragem ou em escrito posterior por elas assinado, designar o árbitro ou os árbitros que constituem o tribunal arbitral ou fixar o modo pelo qual estes são escolhidos, nomeadamente, cometendo a designação de todos ou de alguns dos árbitros a um terceiro.

2 – Caso o tribunal arbitral deva ser constituído por um único árbitro e não haja acordo entre as partes quanto a essa designação, tal árbitro é escolhido, a pedido de qualquer das partes, pelo tribunal estadual.

3 – No caso de o tribunal arbitral ser composto por três ou mais árbitros, cada parte deve designar igual número de árbitros e os árbitros assim designados devem escolher outro árbitro, que actua como presidente do tribunal arbitral.

4 – Salvo estipulação em contrário, se, no prazo de 30 dias a contar da recepção do pedido que a outra parte lhe faça nesse sentido, uma parte não designar o árbitro ou árbitros que lhe cabe escolher ou se os árbitros designados pelas partes não acordarem na escolha do árbitro presidente no prazo de 30 dias a contar da designação do último deles, a designação do árbitro ou árbitros em falta é feita, a pedido de qualquer das partes, pelo tribunal estadual competente.

5 – Salvo estipulação em contrário, aplica-se o disposto no número anterior se as partes tiverem cometido a designação de todos ou de alguns dos árbitros a um terceiro e este não a tiver efectuado no prazo de 30 dias a contar da solicitação que lhe tenha sido dirigida nesse sentido.

6 – Quando nomear um árbitro, o tribunal estadual competente tem em conta as qualificações exigidas pelo acordo das partes para o árbitro ou os árbitros a designar e tudo o que for relevante para garantir a nomeação de um árbitro independente e imparcial; tratando-se de arbitragem internacional, ao nomear um árbitro único ou um terceiro árbitro, o tribunal tem também em consideração a possível conveniência da nomeação de um árbitro de nacionalidade diferente da das partes.

7 – Não cabe recurso das decisões proferidas pelo tribunal estadual competente ao abrigo dos números anteriores do presente artigo.

ANOTAÇÃO:
Nº 1. A inspiração desta norma é a Lei-Modelo, artigo 11 (3), b), e os artigos 7º, nº 2, e 11º, nºs 3 e 6 da LAV 1986. A norma em questão insere-se no princípio da liberdade contratual, pelo que poderia até ser considerada redundante. No entanto, exerce o efeito útil de afastar quaisquer dúvidas sobre a legalidade de regulamentos de instituições de arbitragem ou outras regras aplicáveis ao processo que determinem (como acontece nalguns centros arbitrais) que todos os árbitros sejam sempre escolhidos com a participação (mas não mediante a escolha direta) das partes.

Nº 2. As fontes desta norma são a Lei-Modelo, art. 11 (3), a), a Lei Espanhola, art. 15º, nº 2, a) e a LAV 1986, artigos 6º, nº 2, 7º, nº 2, 11º, nºs 3 e 6, e 12º, nº 1. A opção por um árbitro único – solução recomendada por muitos para litígios de menor valor, como forma de redução de custos – torna inevitável que, se as partes não conseguirem pôr-se de acordo sobre o nome do árbitro, a escolha tenha ou de passar para terceiro (quando for essa a opção das partes, nomeadamente se tiverem optado pelo sistema de arbitragem institucional ou se tiverem designado uma entidade de nomeação, à maneira da Lei-Modelo) ou de competir ao tribunal estadual competente para o efeito, nos termos da LAV.

Nº 3. As fontes desta norma são a Lei-Modelo, artigo 11 (3), a Lei Alemã § 1035(3), a Lei Espanhola, artigo 15º, nº 2, b) e a LAV 1986, artigo 7º, nº 2. Nos termos da lei, a última expressão da vontade contratual atualizada das partes em matéria de escolha de árbitros deve ser a designação do co-árbitro. Depois disso já não é às partes, mas aos árbitros, que é atribuído o dever legal de escolha do árbitro presidente. A razão de ser desta opção legislativa é, por um lado, reforçar a independência do árbitro presidente e, por outro, contribuir para uma maior eficácia e coesão do tribunal arbitral, tentando na medida do que for possível que os co-árbitros se ponham de acordo quanto à decisiva escolha do árbitro presidente. Esta norma é imperativa, no sentido de que não cede perante a opção das partes de que sejam elas ou os seus advogados a designar o árbitro presidente. No entanto é prudente e nada tem de deontologicamente censurável que cada um dos árbitros sonde quem o nomeou para evitar o risco de escolher alguém que, por alguma razão atendível, não seja aceitável para as partes e possa suscitar questões de anulabilidade.

Nº 4. A fonte desta norma é a Lei-Modelo, artigos 11 (3), a) e (4), a Lei Alemã § 1035(4), a Lei Espanhola, artigo 15º, nº 2, b) e parcialmente a LAV 1986, artigos 11º, nº 6, e 12º, nºs 1 e 2. A intenção desta norma é contribuir para a eficácia do processo arbitral, impondo-lhe um ritmo adequado. Assim, se uma ou ambas as partes, ou os árbitros nomeados entretanto, deixarem passar mais de 30 dias sem exercer o dever jurídico de escolha do árbitro presidente, essa responsabilidade passa para o tribunal estadual competente, exceto se as partes tiverem determinado de outro modo, designadamente através da opção pela arbitragem institucionalizada. No entanto, essa alteração do poder/dever de nomear não está na iniciativa autónoma do tribunal estadual, dependendo de impulso de uma ou ambas as partes ou de um ou ambos os árbitros já nomeados. Mas se a iniciativa tiver lugar, o tribunal deverá proceder à ou às nomeações, sem necessidade de quaisquer diligências prévias que não sejam as adequadas ao respeito de regras desta lei, nomeadamente do nº 6 infra. A norma em causa claramente permite – embora não imponha, pelo menos diretamente – a audiência prévia das Partes (como diligência adequada ao respeito de regras da LAV), que alguns consideram a única forma de cumprir o objectivo de garantir a imparcialidade e independência do árbitro a nomear pelo tribunal. A referência na lei à data da "receção de pedido nesse sentido" da outra parte como *dies a quo* para a nomeação é a data da notificação feita nos termos do compromisso arbitral, da cláusula compromissória ou ainda nos termos que tenham sido eventualmente acordados entre as Partes. O período de 30 dias deve ser contado de forma corrida, sem que se descontem feriados e fins de semana ou até períodos em que nos tribunais estaduais os prazos são suspensos. Se não for possível, por razão atendível e apesar das diligências adequadas (se por exemplo no endereço contratual a notificação não for aceite ou se a parte tiver mudado de endereço sem notificar a outra parte, estando desaparecida), poderá iniciar-se o processo alternativo previsto nesta norma. No entanto – devido aos riscos de vir mais tarde a ser suscitada em sede de anulação ou execução da sentença arbitral a violação do *due process* – em situações limite será prudente e possível pedir a assistência aos tribunais estaduais para poderem ser usados os instrumentos legais previstos no CPC (ou no CPTA, se for o caso) para situações similares, como por exemplo requerer-se a notificação judicial avulsa.

Nº 5. As fontes desta norma são a Lei-Modelo, artigo 11 (4), a Lei Alemã, § 1035(4) e parcialmente a LAV 1986, artigo 12º, nºs 1 e 2. A *ratio legis* é idêntica à do nº4 supra. O conceito de terceiro, para efeitos desta norma, abrange todas as situações admissíveis e que tenham sido previstas pelas partes. No entanto a referência à exceção de "estipulação em contrário" leva a concluir que se não aplica esta norma a situações em que as partes optaram pelo sistema de arbitragem institucional, não sendo a inação do mencionado centro causadora da atribuição ao tribunal estadual do poder/dever de nomear árbitro(s), a menos, claro, que seja essa a solução prevista no regulamento aplicável.

Nº 6. A norma é inspirada na Lei-Modelo, artigo 11 (5) e Lei Alemã, § 1035(5), e corresponde às melhores práticas arbitrais internacionais. É totalmente inovadora em Portugal, não apenas enquanto comando normativo, mas também se analisada em função da prática de nomeações seguida pelos tribunais estaduais no âmbito da LAV 1986. A norma tem como *ratio legis*, por um lado, seguir na medida possível a vontade das partes, mas também, por outro, assegurar que a escolha de árbitros respeite os princípios legais da independência e da imparcialidade e o princípio da neutralidade tal como costuma ser definido pela doutrina arbitral. Este último ganha, deste modo, foros de comando legal, ainda que evidentemente não com o mesmo grau de densidade dos outros dois. O tribunal estadual não pode desrespeitar os princípios da independência e da imparcialidade e não deve deixar de ponderar a vantagem de respeitar o princípio da neutralidade. Por essa razão o processo de escolha deverá ser um verdadeiro – embora expedito – processo, em que a experiência acumulada pelas *appointing authorities*[11] pode ser muito útil. A neutralidade em arbitragem conduz a que, para arbitragens internacionais, se deva em regra escolher árbitros que sejam todos de nacionalidades diferentes e que não sejam da nacionalidade das partes, ou até da dos advogados que as representam. A lei é prudente e não exige ao tribunal estadual que aplique o princípio da neutralidade, mas a expressão da lei "...tem também em consideração a possível conveniência..." obriga o tribunal estadual a funda-

---

[11] Veja-se a título de exemplo as normas regulamentares da CCI, o centro de arbitragem internacional que administra maior número de processos, para quando é indicada como *appointing authority* em arbitragens UNCITRAL

mentar se não considerar a "conveniência" que "tem" de ter "em consideração" de nomear um árbitro de nacionalidade diferente da das partes. Pretende-se também com esta norma – nessa medida entendida como "comando pedagógico" – que as partes ponderem a aplicação do princípio da neutralidade quando nomeiam árbitros.

Nº 7. As fontes são a Lei-Modelo, artigo 11 (5), a LAV 1986, artigo 12º nº 5 e a Lei Espanhola, artigo 15, nº 6 2ª parte. Trata-se de solução que não suscita reparo a nível internacional e que pretende também contribuir para reforçar a eficácia das arbitragens.

JMJ

Artigo 11.º – Pluralidade de demandantes ou de demandados

1 – Em caso de pluralidade de demandantes ou de demandados, e devendo o tribunal arbitral ser composto por três árbitros, os primeiros designam conjuntamente um árbitro e os segundos designam conjuntamente outro.

2 – Se os demandantes ou os demandados não chegarem a acordo sobre o árbitro que lhes cabe designar, cabe ao tribunal estadual competente, a pedido de qualquer das partes, fazer a designação do árbitro em falta.

3 – No caso previsto no número anterior, pode o tribunal estadual, se se demonstrar que as partes que não conseguiram nomear conjuntamente um árbitro têm interesses conflituantes relativamente ao fundo da causa, nomear a totalidade dos árbitros e designar de entre eles quem é o presidente, ficando nesse caso sem efeito a designação do árbitro que uma das partes tiver entretanto efectuado.

4 – O disposto no presente artigo entende-se sem prejuízo do que haja sido estipulado na convenção de arbitragem para o caso de arbitragem com pluralidade de partes.

ANOTAÇÃO:

Nº 1. Esta norma visa regular a situação em que não existe qualquer divergência em situações de pluralidade de partes que impeça o acordo relativamente ao nome de um co-árbitro, provavelmente a hipótese que ocorre mais frequentemente. Independentemente de se estar ou não perante situações em que seja aplicável a teoria do grupo de sociedades ou de situações de desconsideração da personalidade jurídica (alter ego), quando se apresenta em litígio um conjunto de partes de um ou ambos os lados é normal que tenham interesses comuns ou, pelo menos, não conflituantes ou incompatíveis. Assim sendo, para efeitos de constituição do tribunal arbitral devem ser tratados como se, de cada lado, de uma parte apenas se tratasse.

Nº 2. Pode, no entanto, acontecer que as várias partes não sejam capazes ou não queiram pôr-se de acordo quanto à nomeação do co-árbitro que, como regra geral, lhes compete indicar. A lei admite que essa situação possa ocorrer logo no primeiro impulso processual (as partes estão de acordo ou são contratual ou legalmente obrigadas a apresentar-se como Demandantes, mas têm opiniões diversas sobre que árbitro devem nomear). Mas é natural que a situação surja com mais frequência do lado dos Demandados, desde logo porque podem ocorrer situações de linhas de defesa incompatíveis. Aqui o legislador, afastando-se em parte da doutrina Dutco[12] que em regra os regulamentos arbitrais aplicam, admite a hipótese que um dos lados do litígio possa nomear um co-árbitro, mesmo que do outro lado isso se revele na prática inviável. Foi esta matéria muito debatida pelos autores materiais do projeto entregue aos sucessivos governos. Pesou nesta opção a circunstância de se dever tentar até ao limite – com a ressalva e a segurança que decorre do nº 3 deste mesmo artigo – que o co-árbitro seja nomeado pela parte que relativamente à qual não chegou a surgir a questão, ou por ser parte singular ou por se ter posto de acordo com o comparte em relação ao co-árbitro, regra nuclear do modelo estratégico do sistema arbitral a que a LAV deu acolhimento; também assim se pretende evitar ou minorar estratégias conducentes à criação de dificuldades de constituição do tribunal arbitral do modo que se poderia dizer clássico, apesar de não haver realmente e de forma substantiva motivos para que se não possam colocar de acordo as partes de um dos lados do litígio.

Nº 3. As fontes desta norma são o Regulamento de Arbitragem da CCI (1998), artigo 10º, nº 2, o Regulamento Unificado das Câmaras de Comércio Suíças (Regulamento Suíço), artigo 8º, nº 5 e o Regulamento de Arbitragem CAC artigo 8º, nº 3, eles próprios tributários da doutrina Dutco. Esta norma visa resolver a questão quando existem "interesses conflituantes quanto ao fundo da causa" entre as partes Demandadas (ou entre as próprias Demandantes – o que pode ocorrer sobretudo em caso de pedido reconvencional anunciado ou até concretizado). A existência da situação desencadeadora é aferida pela entidade judicial de nomeação de forma objetiva, devendo determinar o efeito previsto neste nº 3 sempre que chegue à conclusão contida na norma. A entidade de nomeação deve analisar com prudência a situação com que seja confrontada e nada impede que, para poder tomar uma decisão melhor fundamentada, ouça as partes, nomeadamente aquela que esteja em condições de nomear um co-árbitro. A decisão de nomeação de todos os árbitros para o litígio tem de ser fundamentada, desde logo porque ainda que não seja passível de recurso (artigo 10º, nº 7 da LAV) pode vir a causar a anulação ou a recusa de confirmação da sentença arbitral por violação da regra do *due process*.

---

[12] Refere-se ao caso CCI que opunha a Ducto Construction Company à Siemens AG/BKMI. Cada um dos Demandados queria escolher o seu árbitro, pelo que acabou por ser a CCI a nomeá-lo, tendo a Demandante tido a possibilidade de nomear o respectivo co-árbitro. O acórdão arbitral acabou por ser anulado pela *Cour de Cassation* francesa por desigualdade das partes na constituição do tribunal, tendo posteriormente a CCI alterado o artigo respectivo do seu Regulamento em conformidade com tal decisão judicial.

Nº 4. A questão que o artigo 11º visa resolver foi sendo objeto de soluções diversas em várias legislações nacionais e em regulamentos de instituições que se dedicam à administração de arbitragens, como é o caso da CCI, LCIA, SCC, AAA ou WIPO. A lei aqui admite que as partes se coloquem de acordo para encontrar soluções que podem ser inspiradas em tais soluções normativas ou até que decidam criar para o caso concreto uma solução que agrade a todos os envolvidos.

JMJ

Artigo 12.º – Aceitação do encargo

1 – Ninguém pode ser obrigado a actuar como árbitro; mas se o encargo tiver sido aceite, só é legítima a escusa fundada em causa superveniente que impossibilite o designado de exercer tal função ou na não conclusão do acordo a que se refere o n.º 1 do artigo 17.º.

2 – A menos que as partes tenham acordado de outro modo, cada árbitro designado deve, no prazo de 15 dias a contar da comunicação da sua designação, declarar por escrito a aceitação do encargo a quem o designou; se em tal prazo não declarar a sua aceitação nem por outra forma revelar a intenção de agir como árbitro, entende-se que não aceita a designação.

3 – O árbitro que, tendo aceitado o encargo, se escusar injustificadamente ao exercício da sua função responde pelos danos a que der causa.

ANOTAÇÃO:

Nº 1. Uma arbitragem concretiza-se após a agregação de um mais ou menos complexo sistema de expressão de vontades. Esta regra também se aplica no que se refere à aceitação para ser árbitro. Sem a vontade prévia de quem seja escolhido a nomeação não se pode concretizar. A aceitação do mandato pelo árbitro gera um procedimento e cria uma verdadeira relação contratual, com direitos e deveres. Por isso a lei não permite – salvo em casos e condições especiais – que quem aceitou se afaste do mandato, podendo com isso gerar danos às partes e aos outros árbitros. A escusa posterior não está sujeita, ao contrário do que por exemplo determina o Arbitration Act inglês (Arbitration Act) de 1996 (Section 25 (3)), a um pedido feito ao tribunal estadual para que seja exonerado e desse modo fique livre de qualquer responsabilidade. No sistema da LAV a decisão é pessoal e insindicável, mas pode ser fonte de obrigação de indemnização, a menos que seja causada por facto superveniente que torne impossível (devendo a impossibilidade ser apreciada de forma objetiva) a sua manutenção. A jurisprudência e a doutrina internacionais são boa ajuda para aferir em cada caso concreto sobre a admissibilidade e os riscos de tal escusa. Em todo o caso, o legislador excecionou a situação em que não venha a ser possível chegar a acordo quanto a honorários, nos termos do artigo 17º, nº1 da LAV, sendo nesse caso naturalmente livre a escusa, desde que imediata.

Nº 2. Esta norma é inspirada nas Lei Espanhola, artigo 16º e na Lei Arbitral Peruana (Lei Peruana), artigo 27º e afasta-se da solução alternativa em que a falta de recusa ao final de um certo período de tempo deverá ser entendida como aceitação tácita (como acontece com o art. 9º do Regulamento de Arbitragem do CAC da ACP). Esta opção pela aceitação expressa tem também a vantagem de gerar um adequado momento para que seja feita uma declaração de independência e de imparcialidade (ela própria elemento essencial do *due process*), e que pode gerar responsabilidade do árbitro se for feita com incorreções de forma dolosa ou com negligência grave. Em todo o caso a lei, por razões pragmáticas, admite que a aceitação não seja expressa, mas resulte de comportamentos concludentes do árbitro. Mas é sempre prudente pedir uma declaração expressa de aceitação.

Nº 3. Esta norma corresponde ao sentido unânime da doutrina e da jurisprudência internacionais e constitui um afloramento do princípio da responsabilidade civil dos árbitros perante as partes, previsto no artigo 9º da LAV.

JMJ

Artigo 13.º – Fundamentos de recusa

1 – Quem for convidado para exercer funções de árbitro deve revelar todas as circunstâncias que possam suscitar fundadas dúvidas sobre a sua imparcialidade e independência.

2 – O árbitro deve, durante todo o processo arbitral, revelar, sem demora, às partes e aos demais árbitros as circunstâncias referidas no número anterior que sejam supervenientes ou de que só tenha tomado conhecimento depois de aceitar o encargo.

3 – Um árbitro só pode ser recusado se existirem circunstâncias que possam suscitar fundadas dúvidas sobre a sua imparcialidade ou independência oú se não possuir as qualificações que as partes convencionaram. Uma parte só pode recusar um árbitro que haja designado ou em cuja designação haja participado com fundamento numa causa de que só tenha tido conhecimento após essa designação.

ANOTAÇÃO:

Nº 1. As fontes desta norma são a Lei-Modelo, artigo 12 (1), a Lei Alemã, § 1036(1), a Sueca, artigo 9º, e a Espanhola, artigo 17º, nº 2. Este artigo 13º, que é inovador em relação à LAV 1986, é uma das normas nucleares da lei e que por si só justificaria a reforma. As arbitragens valem o que valem os árbitros e a independência e a imparcialidade de todos eles é essencial a uma boa decisão. Esta norma impõe aos árbitros um dever de revelação, com possíveis consequências em sede de anulação de sentença ou recusa do seu *exequatur*, além de responsabilidade para o árbitro se não tiver sido revelado facto relevante com dolo ou negligência grave que tenha tido efeitos na decisão ou tenha causados danos, por exemplo atrasos no processo se vier a ser necessário substituir o árbitro. Para que o co-árbitro exerça o seu dever de revelação e possa averiguar da existência de conflitos de interesse, é deontologicamente correto que o advogado/parte que o pretende nomear se reúna com ele para lhe dar a informação adequada sobre as questões centrais de facto e de direito que, no entendimento da parte em questão, se podem suscitar e para indicar os nomes das partes, grupos empresariais em que se insiram e, se possível, do advogado da outra parte e o nome do outro co-árbitro, se já conhecido. O dever de revelação, nos termos da lei, abrange tudo o que possa gerar "fundadas dúvidas" sobre a sua independência e/ou imparcialidade. Tais dúvidas, de acordo com a jurisprudência e doutrina internacionais (que podem ser auxiliar precioso no cumprimento do dever de revelação), devem ser aferidas "aos olhos das partes" e não apenas de forma objetiva e ainda menos com base nos critérios pessoais e próprios do árbitro. A revelação não significa, em si mesma, qualquer escusa ou criação de uma situação automática de recusa, mas coloca nas partes o ónus de desencadearem o procedimento de recusa previsto no artigo 15º da LAV, sob pena de se tornar inequívoco, e para todos os efeitos, que os factos revelados não afetam isoladamente e *per se* a independência e a imparcialidade do árbitro. Por isso em caso de dúvida é prudente que a revelação seja feita.

Nº 2. A fonte desta norma é a Lei-Modelo, artigo 12 (1), a Lei Alemã, § 1036(1), e a Espanhola, artigo 17º, nº 2 e Sueca, artigo 9, e corresponde à unânime prática internacional. O dever de revelar mantém-se durante todo o processo com o mesmo grau de densidade que tem no início. A revelação de novos factos ou situações (incluindo as anteriores ao contacto inicial de que não tivesse conhecimento) pode aliás provocar, aos olhos das partes, fundamento para recusa com base em factos revelados anteriormente e que não tinham sido considerados suficientes inicialmente.

Nº 3. A fonte desta norma é a Lei-Modelo, artigo 12 (2), a Lei Alemã, § 1036(2) e a Espanhola, artigo 17º, nº 3 e também corresponde em todo o seu conteúdo à jurisprudência e à doutrina internacionais. Do que se trata é de clarificar que, para se poder suscitar um processo de recusa, é necessária a existência de "fundadas dúvidas" e não apenas algum desconforto ou dúvidas sem suficiente materialidade. Também se clarifica que pode ser recusado um árbitro se não tiver as qualificações que as partes de comum acordo definiram como, por exemplo, a experiência arbitral ou no direito substantivo aplicável, a nacionalidade, a formação científica, etc. Finalmente, a parte final da norma visa deixar claro que se um co-árbitro ou o árbitro presidente foram escolhidos com a cooperação de uma das partes, ela fica depois disso limitada na possibilidade de suscitar um incidente de recusa, pois só o pode fazer com fundamento numa "causa" conhecida apenas após a designação a menos que só depois da designação tivesse ocasião de se pronunciar.

JMJ

Artigo 14.º – Processo de recusa

1 – Sem prejuízo do disposto no n.º 3 do presente artigo, as partes podem livremente acordar sobre o processo de recusa de árbitro.

2 – Na falta de acordo, a parte que pretenda recusar um árbitro deve expor por escrito os motivos da recusa ao tribunal arbitral, no prazo de 15 dias a contar da data em que teve conhecimento da constituição daquele ou da data em que teve conhecimento das circunstâncias referidas no artigo 13.º. Se o árbitro recusado não renunciar à função que lhe foi confiada e a parte que o designou insistir em mantê-lo, o tribunal arbitral, com participação do árbitro visado, decide sobre a recusa.

3 – Se a destituição do árbitro recusado não puder ser obtida segundo o processo convencionado pelas partes ou nos termos do disposto no n.º 2 do presente artigo, a parte que recusa o árbitro pode, no prazo de 15 dias após lhe ter sido comunicada a decisão que rejeita a recusa, pedir ao tribunal estadual competente que tome uma decisão sobre a recusa, sendo aquela insusceptível de recurso. Na pendência desse pedido, o tribunal arbitral, incluindo o árbitro recusado, pode prosseguir o processo arbitral e proferir sentença.

ANOTAÇÃO:

Nº 1. As fontes desta norma são a Lei-Modelo, artigo 13 (1), a Lei Alemã, § 1037(1) e a Espanhola, artigo 18º, nº 1. Sendo a arbitragem substancialmente um processo das partes é natural que, se todas elas estiverem de acordo em recusar um ou mais árbitros, essa recusa se processe automaticamente. A hipótese não é académica, pois passando a poder haver situações em que todos os árbitros sejam escolhidos por uma entidade de nomeação estranha às partes pode perfeitamente ocorrer que algum ou até todos os nomes desagradem às partes a ponto de preferirem outros nomes. E o mesmo pode acontecer quando apenas é nomeado o árbitro presidente por uma entidade de nomeação e até quando os co-árbitros tenham escolhido um presidente sem prévia consulta com as partes

Nº 2. As fontes desta norma são a Lei-Modelo, artigo 14 (1), a Lei Alemã, § 1038(1) e a Lei Espanhola, artigo 19º, nº 1. Note-se que existe um prazo curto para que a parte suscite o incidente de recusa, devendo entender-se que se o fizer posteriormente ele não poderá ser considerado nem sequer em sede de anulação ou execução da sentença arbitral. A razão é evidente: pretende-se não deixar que sob o tribunal arbitral paire uma ameaça que será concretizada ou não em função de fatores que nada terão a ver com ética. A participação do próprio recusado na decisão sobre a recusa é a consagrada na generalidade das leis arbitrais para as arbitragens *ad hoc*. Nas arbitragens institucionais, em regra, a entidade que decidirá da recusa é a direção do centro de arbitragem ou o seu presidente, quando não exista um órgão, como na CCI, com competência específica para tal efeito (no caso, a Corte Internacional de Arbitragem). Esta solução pressupõe que o tribunal arbitral é um órgão colegial e que deve agir como unidade, sem prejuízo naturalmente da possibilidade de existirem decisões não unânimes. Também assim se pode conseguir uma decisão mais rápida e em que a tendência será para não valorizar fatores que sejam pouco relevantes.

Nº 3. As fontes neste caso são a Lei-Modelo, artigo 13 (1) e a Lei Alemã, § 1037(3). Admite-se aqui uma espécie de recurso a interpor da decisão do tribunal arbitral, ainda que restrito à hipótese de a recusa não ter obtido provimento. Pretende-se deste modo reforçar as condições do *due process* e temperar os riscos de eventuais situações em que os árbitros funcionem como corpo para além do razoável, não dando provimento ao incidente apesar de ser justificada a decisão oposta. De certa forma, este "recurso" é elemento essencial para se entender a solução do nº 2 deste artigo. A opção da lei por um recurso imediato – e não apenas com a eventual impugnação da sentença arbitral final, como acontece com a Lei Espanhola (artigo 18º, nº 3) – tem a ver com a decisão de não deixar a relevante questão da recusa dependente do resultado ser ou não agradável para a parte recusante. Deste modo, haverá uma natural moderação no recurso ao tribunal estadual, evitando-se situações que não sejam relevantes ou graves. A opção em não suspender o tribunal arbitral até decisão judicial vai no mesmo sentido, e tem a vantagem de evitar que incidentes de recusa sejam usados como manobras dilatórias.

JMJ

Artigo 15.º – Incapacitação ou inacção de um árbitro

1 – Cessam as funções do árbitro que fique incapacitado, de direito ou de facto, para exercê-las, se o mesmo a elas renunciar ou as partes de comum acordo lhes puserem termo com esse fundamento.

2 – Se um árbitro por qualquer outra razão, não se desincumbir, em tempo razoável, das funções que lhe foram cometidas, as partes podem, de comum acordo, fazê-las cessar, sem prejuízo da eventual responsabilidade do árbitro em causa.

3 – No caso de as partes não chegarem a acordo quanto ao afastamento do árbitro afectado por uma das situações referidas nos números anteriores do presente artigo, qualquer das partes pode requerer ao tribunal estadual competente que, com fundamento na situação em causa, o destitua, sendo esta decisão insusceptível de recurso.

4 – Se, nos termos dos números anteriores do presente artigo ou do n.º 2 do artigo 14.º, um árbitro renunciar à sua função ou as partes aceitarem que

cesse a função de um árbitro que alegadamente se encontre numa das situações aí previstas, tal não implica o reconhecimento da procedência dos motivos de destituição mencionados nas disposições acima referidas.

ANOTAÇÃO:
Nº 1. Esta norma prevê a possibilidade de se afastar um árbitro, com, sem ou mesmo contra a sua vontade. Trata-se de situações que a lei agrega sob o conceito de "incapacidade", que devem por isso ser concretizadas não apenas em função do regime do Código Civil para a "incapacidade", mas abranger outras situações factuais em que comprovadamente o árbitro deixa de estar em situação de exercer adequadamente o mandato, como por exemplo se emigrar para um país distante e os custos da sua participação nos trabalhos se tornarem muito elevados. A situação deverá sempre ser analisada de forma objetiva. A decisão pode ser tomada de comum acordo pelas partes ou resultar de decisão do próprio árbitro. Ela pode basear-se numa alegada incapacidade superveniente aduzida pelo próprio árbitro ou justificar-se por outros fatores, como por exemplo uma situação de perda de independência superveniente. No entanto o árbitro renunciante só fica liberto de responsabilidade se não causou de forma dolosa ou com negligência grave a situação ou se a sua renúncia, com fundamento numa situação de incapacidade, for objetivamente razoável atentas as circunstâncias.

Nº 2. Este número visa resolver situações – infelizmente existentes – em que os árbitros ou algum deles não desempenham com o zelo exigível as funções que aceitaram e, com isso, retardam o tempo razoável para que as partes obtenham uma sentença final. A opção realista da LAV, dando maior latitude aos árbitros para prolongarem o tempo do processo (artigo 43º), tem nesta norma um contraponto essencial. Também aqui se reforça um dos aspetos essenciais da LAV, que é a responsabilização dos árbitros pelas suas ações ou, neste caso, inações.

Nº 3. As fontes são a Lei-Modelo, artigo 14 (1), a Lei Alemã, § 1038(1) e a Espanhola, artigo 19º, nº 1. O regime aqui previsto para situações de incapacidade ou inação deve seguir as regras previstas no artigo 14º, nº 3 supra, com as necessárias adaptações. De facto, a existência de incapacidade ou de inação obrigam a um juízo de razoabilidade e de ponderação seguramente mais complexo do que na situação do artigo 14º, tornando por isso mais difícil determinar a data a partir da qual se está perante uma incapacidade ou inação relevantes. Por isso, não deve o tribunal estadual usar um critério formalista para se desincumbir da sua função, mas não pode deixar de ter presente que não é admissível que passe tempo relevante após a verificação da comprovada existência de fundamentos para afastar o árbitro, sem qualquer ação da parte, vindo mais tarde a ser repescado o fundamento, quiçá por razões não admissíveis. Para evitar riscos de ser considerado intempestivo o pedido ao tribunal estadual, é prudente que as partes vão tomando posições que permitam concluir que foram feitos esforços para resolver a situação até que se tornou inevitável suscitar a questão judicialmente. Note-se que neste artigo, ao contrário do artigo anterior, a questão não passa por uma decisão do tribunal arbitral prévia ao pedido ao tribunal estadual.

Nº 4. Fontes: Lei-Modelo, artigo 14 (2), Lei Alemã, § 1038(2) e Espanhola, artigo 19º, nº 2. A razão desta norma é pragmática. Sendo claro nos termos da lei que a renúncia ou a aceitação de afastamento do árbitro não constitui presunção de que existam os fundamentos invocados, com isso facilita-se uma solução consensual pois não é afetada a imagem do árbitro e/ou não decorre automaticamente dessa ação uma presunção de responsabilidade civil do árbitro perante as partes ou uma renúncia das partes à eventual responsabilidade que exista.

JMJ

Artigo 16.º – Nomeação de um árbitro substituto

1 – Em todos os casos em que, por qualquer razão, cessem as funções de um árbitro, é nomeado um árbitro substituto, de acordo com as regras aplicadas à designação do árbitro substituído, sem prejuízo de as partes poderem acordar em que a substituição do árbitro se faça de outro modo ou prescindirem da sua substituição.

2 – O tribunal arbitral decide, tendo em conta o estado do processo, se algum acto processual deve ser repetido face à nova composição do tribunal.

ANOTAÇÃO:

Nº 1. As fontes desta norma são a Lei-Modelo, artigo 15º, a Lei Alemã, § 1039 e a Espanhola, artigo 20º. As partes podem, de comum acordo, definir as regras a aplicar à substituição, ponderando as especificidades do caso concreto. E podem mesmo prescindir da substituição, ficando então o tribunal arbitral a funcionar apenas com os árbitros restantes. Nesta hipótese, se o árbitro presidente se mantiver, continua a aplicar-se o disposto no art. 40, nº 1 da LAV. A não substituição de árbitro, provavelmente pouco usada na prática, será útil em situações em que a falta do árbitro surge já depois das deliberações e com a sentença a ser ultimada. A regra é, no entanto, que se faltar um árbitro a parte que o nomeou ou os árbitros (no caso do Presidente) escolham um substituto.

Nº 2. Esta norma – que se inspira no Arbitration Act (Section 27 – 4) – apenas se aplicará na hipótese de substituição de um árbitro e tem como razão aumentar a eficácia do processo arbitral. Os árbitros de forma colegial, já incluindo portanto o substituto, e tendo em vista sobretudo a colocação do novo árbitro numa situação que lhe permita deliberar com adequado conhecimento de causa, decidirão se e quais atos processuais deverão ser repetidos. Em princípio nada justifica que se repitam atos anteriores à audiência; e mesmo esta – dado que em regra existem gravações – não deverá ser repetida, a menos que o novo árbitro explicitamente o pretenda. As partes devem cautelarmente ser ouvidas antes da decisão, mas a sua opinião – mesmo que unânime – não tem de ser seguida pelo tribunal arbitral.

JMJ

Artigo 17.º – Honorários e despesas dos árbitros

1 – Se as partes não tiverem regulado tal matéria na convenção de arbitragem, os honorários dos árbitros, o modo de reembolso das suas despesas e a forma de pagamento pelas partes de preparos por conta desses honorários e despesas devem ser objecto de acordo escrito entre as partes e os árbitros, concluído antes da aceitação do último dos árbitros a ser designado.

2 – Caso a matéria não haja sido regulada na convenção de arbitragem, nem sobre ela haja sido concluído um acordo entre as partes e os árbitros, cabe aos árbitros, tendo em conta a complexidade das questões decididas, o valor da causa e o tempo despendido ou a despender com o processo arbitral até à conclusão deste, fixar o montante dos seus honorários e despesas, bem como determinar o pagamento pelas partes de preparos por conta daqueles, mediante uma ou várias decisões separadas das que se pronunciem sobre questões processuais ou sobre o fundo da causa.

3 – No caso previsto no número anterior do presente artigo, qualquer das partes pode requerer ao tribunal estadual competente a redução dos montantes dos honorários ou das despesas e respectivos preparos fixados pelos árbitros, podendo esse tribunal, depois de ouvir sobre a matéria os membros do tribunal arbitral, fixar os montantes que considere adequados.

4 – No caso de falta de pagamento de preparos para honorários e despesas que hajam sido previamente acordados ou fixados pelo tribunal arbitral ou estadual, os árbitros podem suspender ou dar por concluído o processo arbitral, após ter decorrido um prazo adicional razoável que concedam para o efeito à parte ou partes faltosas, sem prejuízo do disposto no número seguinte do presente artigo.

5 – Se, dentro do prazo fixado de acordo com o número anterior, alguma das partes não tiver pago o seu preparo, os árbitros, antes de decidirem suspender ou pôr termo ao processo arbitral, comunicam-no às demais partes, para que estas possam, se o desejarem, suprir a falta de pagamento daquele preparo no prazo que lhes for fixado para o efcito.

ANOTAÇÃO:

Nº 1. A fonte desta norma foi a Lei Sueca, artigo 39(1) e (2) e o entendimento claramente dominante da doutrina e jurisprudência arbitral internacional. Trata-se de uma disposição, aliás resultante do caráter contratual que está no ADN do sistema arbitral, que visa reforçar a independência dos árbitros e assegurar a transparência do processo. Sem prejuízo das situações excecionais que podem ocorrer e se preveem nos números seguintes deste artigo, deve antes da aceitação do último árbitro (em regra o presidente) ser contratado entre as partes e os árbitros tudo o que se refira a honorários e despesas, além de definidos os preparos que sejam considerados adequados. Este acordo pode ser feito, como acontece em regra em Portugal, com remissão para tabelas de centros de arbitragem institucional, com sede em Portugal ou noutros países. Se tal acordo não for concretizado, é possível que uma ou todas as partes se sintam desconfortáveis com decisões unilaterais dos árbitos ou que estes tenham de enfrentar posições das partes sobre a matéria que possam afetar a normalidade do processo arbitral.

Nº 2. As fontes são a Lei Alemã, § 1057(2), o Arbitration Act, Section 28(2), a Lei Italiana, artigo 814º, nº 1, a Espanhola, artigo 21º, nº 2 e a Sueca, artigo 37(II). A falta de acordo prévio pode ocorrer por vários motivos e a todos eles se aplica o mesmo regime, aliás pacífico na doutrina e jurisprudência estrangeiras. Nessa situação importa tomar decisões – sindicáveis embora, conforme previsto no nº 3 deste artigo – e só aos árbitros isso passa a competir. Realmente, obrigar a um acordo com as partes no decurso do processo poderia limitar a independência e liberdade dos árbitros.

Nº 3. As fontes são a Lei Alemã, § 1057(2), o Arbitration Act, Section 28(2), a Lei Italiana, artigo 814(II) e a Espanhola, artigo 21º, nº 2. Se os honorários, despesas e preparos forem unilateralmente fixados pelos árbitros, a LAV abre a possibilidade de ser sindicada a decisão por uma ou todas as partes e ser o tribunal estadual a fixar os honorários. O pedido ao tribunal estadual deve ser feito no prazo processual supletivo do CPC (10 dias), a menos que os árbitros determinem um prazo superior; os árbitros podem (nos termos do artigo 12º, nº 1 da LAV, aplicado por analogia) suspender o processo até à decisão do tribunal estadual e qualquer deles pode recusar continuar a servir como árbitro se discordar da decisão judicial. Esta possibilidade de sindicar não se aplica, como é evidente, a preparos tornados necessários por decisões ou pedidos das partes (como é o caso de deslocações do tribunal que não eram antecipáveis ou pagamentos a peritos que as partes pretendam que sejam feitos pelo tribunal arbitral).

Nº 4. A fonte é a Lei Espanhola, artigo 21º, nº 2. Esta solução é muito dominante na doutrina e jurisprudência arbitral internacional. O não pagamento dos valores acordados ou determinados obrigaria os árbitros a trabalhar sem pagamento ou, perdendo independência, a ficar dependentes do bom querer das partes ou de alguma delas. A exigência de um prazo razoável, que funciona como se de uma notificação admonitória para remediar o incumprimento se tratasse, é lógica e corresponde ao regime português sobre incumprimento contratual.

Nº 5. A fonte desta norma é a Lei Espanhola, artigo 21º, nº 2, e corresponde à solução adotada pela generalidade dos regulamentos de instituições estrangeiras ou internacionais que administram arbitragens. Pode uma das partes estar muito interessada numa sentença arbitral e a outra não. Faz então todo o sentido permitir que a primeira "financie" o processo arbitral, substituindo-se à parte faltosa. O mesmo pode ocorrer em situações em que não é a falta de vontade, mas a impossibilidade financeira, que faz uma das partes não realizar o pagamento devido. Esta possibilidade permite assegurar o *due process* e evitar a tendência – que recentemente o próprio Tribunal Constitucional português seguiu – de enviar as partes para os tribunais estaduais em situações de alegada incapacidade de suportar os custos da arbitragem. A substituição da parte que não pagou pode ser feita por forma diferente do pagamento (por exemplo garantia bancária ou um compromisso de pagamento se for caso disso) desde que aceite pelo tribunal arbitral.

JMJ

CAPÍTULO III – Da competência do tribunal arbitral

Artigo 18.º – Competência do tribunal arbitral para se pronunciar sobre a sua competência

1 – O tribunal arbitral pode decidir sobre a sua própria competência, mesmo que para esse fim seja necessário apreciar a existência, a validade ou a eficácia da convenção de arbitragem ou do contrato em que ela se insira, ou a aplicabilidade da referida convenção.

2 – Para os efeitos do disposto no número anterior, uma cláusula compromissória que faça parte de um contrato é considerada como um acordo independente das demais cláusulas do mesmo.

3 – A decisão do tribunal arbitral que considere nulo o contrato não implica, só por si, a nulidade da cláusula compromissória.

4 – A incompetência do tribunal arbitral para conhecer da totalidade ou de parte do litígio que lhe foi submetido só pode ser arguida até à apresentação da defesa quanto ao fundo da causa, ou juntamente com esta.

5 – O facto de uma parte ter designado um árbitro ou ter participado na sua designação não a priva do direito de arguir a incompetência do tribunal arbitral para conhecer do litígio que lhe haja sido submetido.

6 – A arguição de que, no decurso do processo arbitral, o tribunal arbitral excedeu ou pode exceder a sua competência deve ser deduzida imediatamente após se suscitar a questão que alegadamente exceda essa competência.

7 – O tribunal arbitral pode, nos casos previstos nos n.os 4 e 6 do presente artigo, admitir as excepções que, com os fundamentos neles referidos, sejam

arguidas após os limites temporais aí estabelecidos, se considerar justificado o não cumprimento destes.

8 – O tribunal arbitral pode decidir sobre a sua competência quer mediante uma decisão interlocutória quer na sentença sobre o fundo da causa.

9 – A decisão interlocutória pela qual o tribunal arbitral declare que tem competência pode, no prazo de 30 dias após a sua notificação às partes, ser impugnada por qualquer destas perante o tribunal estadual competente, ao abrigo das subalíneas i) e iii) da alínea a) do n.º 3 do artigo 46.º, e da alínea f) do n.º 1 do artigo 59.º

10 – Enquanto a impugnação referida no número anterior do presente artigo estiver pendente no tribunal estadual competente, o tribunal arbitral pode prosseguir o processo arbitral e proferir sentença sobre o fundo da causa, sem prejuízo do disposto no n.º 3 do artigo 5.º

ANOTAÇÃO:

Nº 1 a 3. O presente artigo estabelece a regra designada como da *Kompetenz--Kompetenz*, segundo a qual o tribunal arbitral é competente para apreciar a sua própria competência. Esta regra é comum a diversos sistemas jurídicos e inspira-se no artigo 16º da Lei-Modelo. A competência do tribunal arbitral nesta matéria não é absoluta, posto que está sujeita a controlo por parte dos tribunais estaduais competentes, por via de impugnação – seja da decisão interlocutória sobre esta matéria (cfr. Nºs 9 e 10 do presente artigo respetiva anotação), seja da decisão final, quando só nesta o tribunal se pronuncie sobre esta questão. Porém, e de modo consistente com as regras sobre o efeito negativo da convenção de arbitragem que constam do artigo 5º da LAV, o juízo inicial sobre a matéria cabe em exclusivo ao tribunal arbitral (salvo o caso, referido nesse artigo 5º, de o tribunal estadual verificar que manifestamente a convenção de arbitragem é nula, é ou se tornou ineficaz ou é inexequível).

A regra da competência da competência era já reconhecida na LAV 1986, sendo que a redacção dos nºs 1 e 4 do presente artigo reproduz a redacção dos nºs 1 e 3 do artigo 21º daquela lei. No nº 1 deste artigo, em obediência àquela regra, confere-se competência ao tribunal arbitral para apreciar a existência, a validade ou a eficácia da convenção de arbitragem ou do contrato em que ela se insira.

O juízo do tribunal arbitral sobre a cláusula compromissória – da qual decorre a competência do tribunal e a extensão dos litígios de que este pode conhecer – precede logicamente o juízo sobre o fundo da causa. Para este efeito, o n.º 2 acolhe a regra da autonomia ou da separabilidade da cláusula compromissória em relação ao contrato em que esta se insira. A regra da autonomia da cláusula compromissória significa que o juízo sobre a sua existência, a validade ou a eficácia desta se afere à luz de critérios próprios (designadamente os do Capítulo I da LAV, bem como os que porventura resultem do disposto no artigo 51º), que não são necessariamente idênticos àqueles que presidem ao juízo sobre a validade ou a eficácia do contrato em que se insere.

Isso, de resto, resulta claro do disposto no nº 3, segundo o qual a decisão do tribunal arbitral que considere nulo o contrato não implica, só por si, a nulidade da cláusula compromissória. Note-se, a este propósito, que a LAV abandonou a solução constante do nº 2 do artigo 21º da LAV 1986, que fazia referência indirecta às regras da redução do negócio jurídico constantes do artigo 292º do Código Civil.

Sendo a cláusula compromissória tratada pela nossa lei como um acordo independente do contrato em que se insira, e incidindo sobre ela critérios de existência, validade e eficácia autónomos, pode suceder que o tribunal arbitral julgue que a convenção de arbitragem é válida – e por isso se considere competente para julgar o litígio – e conclua posteriormente que o contrato é inválido.

Note-se que esta regra não impede que o tribunal arbitral julgue que a invalidade global do contrato seja causa de invalidade da cláusula compromissória nele inserta.

Nº 4 a 7. Estes números abordam a matéria da oportunidade e modo de arguição da incompetência do tribunal arbitral. Nesta caso, o nº 4 retoma, como se disse, o disposto no nº 3 do artigo 21º da LAV 1986, impondo-se que a incompetência do tribunal arbitral seja arguida até à apresentação da defesa quanto ao fundo da causa, podendo ser deduzida como defesa separada ou como parte da defesa quanto ao mérito.

Porém, os números seguintes acolhem excepções àquela oportunidade. Assim, o nº 6 admite a arguição da incompetência no decurso do processo mas em momento posterior, caso a questão da qual decorra a falta de competência apenas se suscita depois da apresentação da defesa. Nessa hipótese, impõe-se que o interessado formule a arguição de incompetência imediatamente após ser colocada tal questão nova. Será o caso, tipicamente, de ser formulada uma nova pretensão, ou a modificação ou ampliação do pedido inicial – como agora parece ser admitido pelo artigo 33º, nº 3 – relativamente à qual se possa suscitar a questão de estar ou não coberta pela convenção de arbitragem.

Por sua vez, o nº 7 admite que, ultrapassados os limites temporais previstos nos nºs 4 e 6, o tribunal arbitral possa admitir a arguição da sua incompetência se ocorrer motivo que considere justificado. Esta solução está prevista no artigo 16º (2), da Lei-Modelo e é acolhida em legislação de diversos países. Cabe ao tribunal arbitral julgar da justificação dos motivos invocados, mas parece que eles serão mais abrangentes do que os casos de justo impedimento reconhecidos na nossa lei processual civil, e poderão incluir situações em que a parte não tenha valorizado uma determinada causa de incompetência que posteriormente se torne clara e fosse desproporcionado não tomar conhecimento da dedução face às razões alegadas pelo demandado. O Tribunal arbitral é soberano nesta matéria, mas convirá restringir esta possibilidade a situações verdadeiramente excepcionais e claramente injustas.

Finalmente, o nº 5 explicita um entendimento que já estava implícito na lei anterior e que retoma o disposto no artigo 16º (2), da Lei-Modelo. Assim, o facto de uma parte designar um árbitro ou participar no processo da sua designação não afasta o direito à arguição da incompetência do tribunal arbitral para cuja formação essa parte concorreu. Trata-se, de resto, de uma consequência natural do princípio da competência da competência: se é o próprio tribunal arbitral que julga, em primeira linha, da sua competência, não pode censurar-se uma parte que entenda contribuir – pelo menos devido a razões cautelares – para a formação daquele de modo a que ele possa pronunciar-se sobre a questão de competência que tal parte entenda suscitar.

Nº 8. Este número trata do momento da decisão do tribunal arbitral sobre a questão da sua competência. Deixa-se claro, no seguimento do artigo 16º (3), da Lei-Modelo, que essa questão pode ser resolvida através de uma decisão interlocutória ou ser relegada para final do processo, na sentença sobre o fundo. Este será o caso, tipicamente, em que o juízo sobre a competência depende da análise da prova que só seja produzida posteriormente.

Nº 9. Este número respeita à impugnação da decisão interlocutória sobre a competência do tribunal arbitral, e inova decididamente em relação ao que se dispunha no nº 4 do artigo 21º da LAV 1986. Nesse preceito, estabelecia-se que «a decisão pela qual o tribunal arbitral se declara competente só pode ser apreciada pelo tribunal judicial depois de proferida a decisão sobre o fundo da causa». Pelo contrário, a LAV refere que se o tribunal arbitral se declarar competente através de decisão interlocutória esta pode ser imediatamente impugnada perante o tribunal estadual competente, que é o Tribunal da Relação – ou, no caso de litígios que estejam compreendidos na esfera da jurisdição administrativa, o Tribunal Central Administrativo – em cuja circunscrição se situe o lugar da arbitragem (cfr. artigo 59º, nº 2).

Segundo o artigo 46º, nº 3, alínea a), subalíneas i) e iii), a parte impugnante terá de demonstrar que a convenção não era válida nos termos da lei a que as partes a sujeitaram ou, na falta de qualquer indicação a este respeito, nos termos da própria LAV, ou que a sentença se pronunciou sobre um litígio não abrangido pela convenção de arbitragem, ou contém decisões que ultrapassam o âmbito da convenção. A impugnação deve ser apresentada directamente no Tribunal da Relação ou do Tribunal Central Administrativo competente, no prazo de 30 dias após a notificação da decisão interlocutória às partes, e deve ser acompanhada de uma cópia certificada da decisão impugnada e, se estiver redigida em língua estrangeira, de uma tradução para português (cf. artigo 46º, nº 2). A decisão do tribunal é recorrível nos termos gerais (cfr. art. artigo 59º, nº 8).

A impugnação da decisão interlocutória é mera faculdade da parte impugnante, e o seu não exercício não afasta o direito de impugnar a decisão final com fundamento na incompetência do tribunal arbitral, já que a LAV não atribui efeito preclusivo à não impugnação imediata.

Nº 10. Por força deste número, a impugnação da decisão interlocutória sobre a incompetência não tem efeito suspensivo, podendo o processo arbitral prosseguir até à sentença sobre o fundo da causa. Porém, se o tribunal estadual competente anular a decisão impugnada, julgando o tribunal arbitral incompetente para conhecer o litígio e se a anulação transitar em julgado, o processo arbitral cessa e, se tiver chegado a ser proferida sentença sobre o fundo da causa, a sentença arbitral deixa de produzir efeitos (naturalmente que sempre apenas na parte afetada pela decisão do tribunal estadual). Veja-se, a este propósito, o que se dispõe no artigo 5º, nº 3.

Pedro Siza Vieira (PSV)

Artigo 19.º – Extensão da intervenção dos tribunais estaduais
Nas matérias reguladas pela presente lei, os tribunais estaduais só podem intervir nos casos em que esta o prevê.

ANOTAÇÃO:
Este artigo corresponde ao artigo 5º da Lei-Modelo e consagra a supremacia da lei de arbitragem sobre a demais legislação em matéria de organização judiciária ou de arbitragem. Esta corresponde a uma tendência das leis mais recentes de arbitragem, que consagram, por um lado, uma limitação dos casos em que os tribunais estaduais intervêm em litígios abrangidos por uma convenção de arbitragem e, por outro lado, o objectivo de conferir aos utilizadores das leis de arbitragem – particularmente no caso de arbitragens internacionais – a segurança de que todos os temas relevantes em matéria de intervenção dos tribunais estaduais possam estar identificadas num único diploma. Do ponto de vista do direito português, e em particular do direito interno, este preceito carece, no entanto, de ser interpretado com cautelas.

Assim, o alcance da disposição respeita apenas ao âmbito do envolvimento dos tribunais estaduais, e não aos termos da respectiva intervenção; assim, sempre e quando estes tribunais estaduais sejam chamados a intervir, a forma de tal intervenção será regida pelas leis de processo, o que é compatível com o alcance deste artigo. De acordo com a LAV, a intervenção dos tribunais estaduais opera-se em dois grandes grupos de matérias.

O primeiro grupo respeita à constituição e funcionamento do tribunal arbitral e ao controlo das respectivas decisões. Está em causa a intervenção dos tribunais estaduais na designação de árbitros (artigos 10º e 11º); na recusa e eventual substituição de árbitros (artigos 14º e 16º); na apreciação do montante dos honorários e despesas dos árbitros (artigo 17º); na impugnação de da decisão interlocutória em matéria de competência (artigo 18º); e no recurso e impugnação da sentença arbitral (artigo 46º).

De acordo com a Lei-Modelo, este grupo de matérias poderá ser confiado a autoridades judiciais específicas ou outra autoridade. A LAV optou por confiá-las aos Tribunais da Relação ou – quando estejam em causa arbitragens sobre matérias compreendidas na jurisdição administrativa – ao Tribunal Central Administrativo onde se situe o local da arbitragem (artigo 59º).

O segundo grupo prende-se com a assistência dos tribunais estaduais à actividade dos tribunais arbitrais, seja no que respeita às providências cautelares, incluindo a sua execução coerciva (artigos 27º a 29º); com a assistência à produção de prova (artigo 38º); à execução de sentenças arbitrais (artigo 47º e 48º); e ao reconhecimento e execução de sentenças arbitrais estrangeiras (artigos 55º a 58º). Nestas matérias – e com excepção do reconhecimento de sentenças estrangeiras, confiadas aos Tribunais da Relação (artigo 59º, número 1, al. h)) – a competência pertence aos tribunais de primeira instância.

O que fica dito não afasta, como se disse, que outras leis continuem a regular os termos do processo ou da intervenção dos tribunais estaduais – e notam-se, a esse respeito, remissões explícitas da LAV, como por exemplo no artigo 29º sobre as providências cautelares decretadas por um tribunal estadual na dependência de um litígio abrangido por uma convenção de arbitragem ou no artigo 48º sobre a possibilidade de serem deduzidos relativamente à execução da sentença arbitral outros fundamentos previstos na lei de processo aplicável.

A maior dificuldade que pode ser causada por este artigo respeita à relação da LAV com legislação posterior, sobre a mesma matéria. A LAV não tem, obviamente, valor reforçado relativamente a outras leis e não limita a possibilidade de o legislador vir no futuro a acrescentar outras áreas de intervenção dos tribunais estaduais em matérias reguladas pela presente lei. Mas, seguramente, desta disposição decorre que se devem considerar revogadas normas dispersas em outras leis que prevejam a intervenção de tribunais estaduais para além dos casos previstos na LAV. E decorre, igualmente, uma regra de legística para o futuro: a previsão de intervenção de tribunais estaduais em matéria de arbitragem deve ser limitada e não se efectuar em leis avulsas.

PSV

CAPÍTULO IV – Das providências cautelares e ordens preliminares

SECÇÃO I – Providências cautelares

Artigo 20.º – Providências cautelares decretadas pelo tribunal arbitral

1 – Salvo estipulação em contrário, o tribunal arbitral pode, a pedido de uma parte e ouvida a parte contrária, decretar as providências cautelares que considere necessárias em relação ao objecto do litígio.

2 – Para os efeitos da presente lei, uma providência cautelar é uma medida de carácter temporário, decretada por sentença ou decisão com outra forma, pela qual, em qualquer altura antes de proferir a sentença que venha a dirimir o litígio, o tribunal arbitral ordena a uma parte que:

a) Mantenha ou restaure a situação anteriormente existente enquanto o litígio não for dirimido;

b) Pratique actos que previnam ou se abstenha de praticar actos que provavelmente causem dano ou prejuízo relativamente ao processo arbitral;

c) Assegure a preservação de bens sobre os quais uma sentença subsequente possa ser executada;

d) Preserve meios de prova que possam ser relevantes e importantes para a resolução do litígio.

ANOTAÇÃO:
Este preceito reproduz o art. 17 da Lei-Modelo (redacção alterada em 2006).

As leis de arbitragem mais antigas ou não previam, pura e simplesmente, a possibilidade de os tribunais decretarem providências cautelares (também chamadas medidas provisórias ou intercalares) ou então proibiam tal decretamento pelos tribunais arbitrais. Era paradigmático o art. 818.º da Lei Italiana [13].

A versão originária da Lei-Modelo admitiu em 1985, salvo convenção das partes em contrário, a possibilidade de o tribunal arbitral decretar medidas provisórias que este considerasse necessárias em relação ao objecto do litígio, podendo exigir a qualquer das partes que, em conexão com essas medidas, prestasse uma garantia adequada. Deve notar-se que esta disposição coexiste com a do art. 9 da mesma Lei-Modelo, não alterado em 2006, que dispõe que não é incompatível com uma convenção de arbitragem o pedido a um tribunal estadual por uma das partes, antes ou durante o processo arbitral, de concessão de uma medida provisória de protecção, nem a efectiva concessão de tal medida pelo tribunal estadual (cfr. art. 7.º da LAV).

O art. 17 da Lei-Modelo influenciou diferentes Leis da arbitragem como a Inglesa (1996), a Alemã (1997), a Belga (1998), a Sueca (1999), a Espanhola (2003) e a Austríaca (2006), as quais foram sendo publicadas ou alteradas desde 1996. Também a Suíça passou a prever na sua Lei de Direito Internacional Privado de 1987 a possibilidade de o tribunal arbitral decretar medidas cautelares na arbitragem internacional, diferentemente do que sucedia então no domínio da arbitragem interna ou doméstica. Só algumas destas leis previram expressamente a colaboração dos tribunais estaduais para dar efectividade às medidas cautelares decretadas pelos árbitros (caso das Leis Suíça, Inglesa, Alemã e Austríaca). A Lei de arbitragem do Brasil (1996) prevê que o próprio tribunal arbitral possa requerer ao órgão do Poder Judiciário que seria originariamente competente para julgar a causa, as medidas coercitivas ou cautelares necessárias (art. 22.º, §4.º).

Agora a LAV acolhe plenamente a regulamentação da Lei-Modelo (alteração de 2006) passando a prever que os tribunais arbitrais possam decretar providências cautelares, susceptíveis de execução pelos tribunais estaduais, e ordens prelimina-

---

[13] Mesmo depois da reforma de 2006, o artigo em causa dispõe que "o árbitro não pode decretar arrestos nem determinar outras medidas provisórias, salvo disposição da lei em contrário" (existe lei especial de 2003 que regula o decretamento provisório por árbitros da suspensão de deliberações de sociedades).

res, medidas pré-cautelares emitidas sem contraditório, não sendo estas últimas susceptíveis de ser executadas pelos tribunais estaduais.

Nº 1. Este número limita-se a estabelecer a regra de que, salvo estipulação em contrário das partes, o tribunal arbitral pode, a pedido de uma das partes e ouvida a parte contrária, decretar as providências cautelares consideradas necessárias em relação ao objecto do litígio. A única diferença em relação à actual redacção do art. 17 (1) da Lei-Modelo é que neste último não se faz referência à necessidade de audição da parte requerida, seguramente por tal audição resultar da garantia do contraditório (concessão a cada parte de uma oportunidade plena de apresentar o seu caso) consagrada no art. 18 da mesma Lei-Modelo.

Nº 2. Define-se aqui a providência cautelar "para os efeitos da presente lei" como uma medida temporária, decretada por sentença ou decisão com outra forma, pela qual em qualquer momento antes de proferida a sentença final o tribunal arbitral ordena a uma parte que assuma certos comportamentos ou se abstenha de assumir outros comportamentos descritos em quatro alíneas: manutenção ou restauração da situação anteriormente existente até o litígio ser dirimido (alínea a)); prática de actos que previnam dano ou prejuízo relativamente ao processo arbitral ou abstenção de prática de actos que causem dano ou prejuízo relativamente ao processo arbitral (alínea b)); garantia da preservação de bens sobre os quais possa ser executada uma sentença a proferir (alínea c)); preservação de meios de prova que possam ser relevantes e importantes para a resolução do litígio (alínea d)).

A enunciação das modalidades de procedimentos cautelares quanto às respectivas finalidades mostra-nos que o conceito é diverso do utilizado no processo civil português. De facto, há uma providência cautelar que tem a ver apenas com a preservação de meios de prova e que pode traduzir-se, por exemplo, na apreensão de documentos – ou na pura determinação de que não sejam destruídos – ou na prestação antecipada de depoimentos testemunhais, antes da audiência de produção de prova. Em relação às outras três alíneas, estamos em presença de providências cautelares típicas, conservatórias ou antecipatórias. No caso de providências conservatórias, visa-se a salvaguarda e a regulação provisória de uma situação de facto (por exemplo, a da alínea a) deste n.º 2), no segundo caso, de providências antecipatórias, aceita-se provisoriamente, de forma total ou parcial, a pretensão litigiosa, admitindo-se hipoteticamente a sua procedência, encarando a sua eventual execução (caso, por exemplo, da alínea c) deste n.º 2).

A prática da arbitragem internacional mostra que as providências cautelares ou provisórias mais frequentes são, entre outras, as destinadas à salvaguarda de provas, à constituição de provisões para garantia dos custos da arbitragem ou do pagamento dos montantes exigidos pelo demandante (trata-se da adopção do instituto francês de *référé-provision*), à determinação da continuação da execução do contrato na pendência da acção arbitral que visa a declaração da invalidade ou a resolução daquele, ao depósito dos bens objecto de controvérsia ou à venda antecipada de bens deterioráveis, às medidas de conservação de direitos (pagamento de taxas ou outras importâncias para, por exemplo, evitar a caducidade ou extinção de direitos de propriedade intelectual), à entrega de valores que ficam à guarda de terceiros, etc.

Face ao disposto neste artigo, parece que o tribunal arbitral não pode decretar medidas cautelares que, de forma imediata, permitam a sua execução por meios coercitivos, nomeadamente o arresto[14]. Como resulta dos arts. 27.º e 28.º da LAV, as providências cautelares decretadas poderão ser, em certas circunstâncias, executadas pelos tribunais estaduais.

Por outro lado, as providências cautelares previstas na LAV não coincidem com as providências especificadas reguladas no CPC (arresto, arrolamento, restituição provisória da posse, suspensão de deliberações sociais, embargo de obra nova, arbitramento de reparação provisória), nem têm de obedecer aos requisitos que este Código prevê para a respectiva concessão. É admissível, porém, que os tribunais arbitrais possam decretar uma providência cautelar de tipo comum ou uma ou outra providência especificada (por exemplo, restituição provisória da posse). A execução coerciva de certas medidas, se não for espontaneamente aceite pela parte destinatária da decisão, terá de ser sempre assegurada pelos tribunais estaduais.

ARM

Artigo 21.º – Requisitos para o decretamento de providências cautelares

1 – Uma providência cautelar requerida ao abrigo das alíneas a), b) e c) do n.º 2 do artigo 20.º é decretada pelo tribunal arbitral, desde que:

a) Haja probabilidade séria da existência do direito invocado pelo requerente e se mostre suficientemente fundado o receio da sua lesão; e

b) O prejuízo resultante para o requerido do decretamento da providência não exceda consideravelmente o dano que com ela o requerente pretende evitar.

2 – O juízo do tribunal arbitral relativo à probabilidade referida na alínea a) do n.º 1 do presente artigo não afecta a liberdade de decisão do tribunal arbitral quando, posteriormente, tiver de se pronunciar sobre qualquer matéria.

3 – Relativamente ao pedido de uma providência cautelar feito ao abrigo da alínea d) do n.º 2 do artigo 20.º, os requisitos estabelecidos nas alíneas a) e b) do n.º 1 do presente artigo aplicam-se apenas na medida que o tribunal arbitral considerar adequada.

---

[14] Vejam-se, no domínio da LAV 1986, as situações apreciadas pelos acórdãos da Relação de Lisboa de 9 de Março de 2006 (in CJ 2006, V, 82-85) e de 21 de Novembro de 2006 (in *CJ*, 2006, V, págs. 91-92) que, de algum modo, pareceram admitir tal execução imediata e sem controlo pelos tribunais estaduais.

ANOTAÇÃO:
Este artigo inspira-se no art. 17-A da Lei-Modelo (aditado em 2006)., mas opta pela utilização da terminologia do CPC na definição dos requisitos de concessão das providências cautelares, por tal terminologia ser mais familiar aos juristas portugueses.

Este artigo distingue claramente as providências cautelares previstas nas alíneas a), b) e c) do n.º 2 do artigo anterior – que correspondem *grosso modo* às providências cautelares reguladas nos arts. 381.º e seguintes do CPC – e as medidas de preservação da prova previstas na alínea d) do mesmo número e artigo da LAV.

Nº 1. Estabelece este número os requisitos para a concessão do primeiro grupo de providências, contempladas nas alíneas a) a c) do n.º 2 do art. 20.º: por um lado, exige que se verifique a probabilidade séria da existência do direito invocado (*fumus boni iuris*) e um receio suficientemente fundado da lesão desse direito pela demora do processo arbitral (*periculum in mora*); por outro lado, impõe ao tribunal arbitral que pondere se o prejuízo resultante da concessão da providência não excede consideravelmente o dano que com ela o requerente pretende evitar.

O art. 17-A da Lei-Modelo consagra na alínea a) do seu n.º 1 como primeiro requisito da providência cautelar que exista uma probabilidade de que o dano ou mal (*harm*) que resultar de a providência não ser decretada não seja susceptível de reparação adequada por uma sentença condenatória em indemnização e que tal dano exceda de forma substancial o que previsivelmente vier a resultar para a parte contra quem a medida é requerida, se esta for decretada; na sua alínea b), prevê-se como segundo requisito que exista uma probabilidade razoável de que o requerente venha a obter procedência na sua pretensão quanto ao mérito (*fumus boni iuris*).

Da comparação entre ambas as disposições resulta que a lei portuguesa consagra expressamente o requisito do receio suficientemente fundado da lesão desse direito (*periculum in mora*) que está subentendido na regulamentação da Lei-Modelo. Por outro lado, a ponderação entre o dano resultante para o requerido, se for decretada a providência, e o dano que com ela o requerente pretende evitar, em termos de averiguar se existe um excesso considerável entre aquele e este, segue neste número a formulação constante do art. 387.º, n.º 2, do CPC.

Nº 2. Este número repete a regra constante da segunda parte da alínea b) do n.º 1 do art. 17-A da Lei-Modelo, ao estatuir que o juízo de ponderação feito pelo tribunal arbitral não pode afectar a liberdade de decisão (na versão inglesa da Lei-Modelo, *discretion*) do tribunal arbitral quando, posteriormente, tiver de se pronunciar sobre qualquer matéria, seja na reapreciação da própria providência, seja, sobretudo, na sentença arbitral sobre o mérito do litígio.

Trata-se de um princípio geral de direito que também tem expressa consagração no nosso CPC: nem o julgamento da matéria de facto, nem a decisão proferida no processo principal, tem qualquer influência no julgamento da acção principal (n.º 4 do art. 383.º CPC).

Nº 3. Já quanto às providências cautelares respeitantes à preservação de meios de prova que possam ser relevantes e importantes para a resolução do litígio, o n.º

3 estabelece que os requisitos constantes das duas alíneas do n.º 1 só se aplicam na medida em que o tribunal arbitral o considerar adequado. Trata-se da reprodução do n.º 2 do art. 17-A da Lei-Modelo.

Compreende-se esta disposição visto que a produção antecipada da prova (por exemplo, depoimento testemunhal de pessoa que vai viver para o estrangeiro ou que está gravemente doente; verificação do estado de mercadorias deterioráveis ou inspecção de um veículo ou máquina que irá ser reparado) pode bastar-se com a demonstração de um receio de que será impossível ou muito difícil a produção desse meio de prova se a medida não for deferida, não se exigindo que o requerente faça a demonstração da probabilidade séria da existência do seu direito ou se obrigue o tribunal arbitral a fazer uma ponderação entre os danos causados a cada parte pelo deferimento do requerimento.

ARM

SECÇÃO II – Ordens preliminares

Artigo 22.º – Requerimento de ordens preliminares; requisitos

1 – Salvo havendo acordo em sentido diferente, qualquer das partes pode pedir que seja decretada uma providência cautelar e, simultaneamente, requerer que seja dirigida à outra parte uma ordem preliminar, sem prévia audiência dela, para que não seja frustrada a finalidade da providência cautelar solicitada.

2 – O tribunal arbitral pode emitir a ordem preliminar requerida, desde que considere que a prévia revelação do pedido de providência cautelar à parte contra a qual ela se dirige cria o risco de a finalidade daquela providência ser frustrada.

3 – Os requisitos estabelecidos no artigo 21.º são aplicáveis a qualquer ordem preliminar, considerando-se que o dano a equacionar ao abrigo da alínea b) do n.º 1 do artigo 21.º é, neste caso, o que pode resultar de a ordem preliminar ser ou não emitida.

ANOTAÇÃO:
A fonte deste artigo é o art. 17-B da Lei-Modelo, introduzido em 2006. A Proposta de Lei n.º 48/XI, que não chegou a ser aprovada na especialidade pela Assembleia da República cm 2011, não previa a existência de ordens preliminares. Deve notar-se que o Decreto Legislativo do Peru que regula a arbitragem (Decreto n.º 1071, de 28 de Junho de 2008) Lei Peruana e que adopta a Lei-Modelo (versão de 2006) consagra a possibilidade de decretamento de providências cautelares sem contraditório, não acolhendo por isso o regime exigente das ordens preliminares (art. 47.º, n.º 3).

Estabelece-se, porém, a possibilidade de reconsideração de providência, a pedido do requerido e após a sua notificação.

As ordens preliminares (*preliminary orders*) constituem "medidas transitórias e precárias que visam manter o *status quo* ou [evitar] o agravamento de danos irreparáveis enquanto o tribunal arbitral não estiver em condições de decretar uma «providência cautelar» que, essa sim, poderá ser objecto de imposição coerciva". São medidas pré-cautelares que têm a particularidade de ser decretadas sem prévio contraditório do requerido (medidas *inaudita altera parte*, ou *ex parte*, na terminologia jurídica anglo-americana) e que foram consagradas inovatoriamente pela alteração da Lei-Modelo de 2006. Tal consagração foi muito controvertida, por ser considerado por muitos como incompatível com a natureza consensual da arbitragem e com a relevância do princípio do contraditório no processo arbitral. Foi sobretudo a delegação norte-americana que se bateu pela consagração na Lei-Modelo de um *arbitral ex parte ínterim relief*, tendo esta solução sido criticada por várias instituições arbitrais, nomeadamente a CCI, e por boa parte da doutrina. A verdade é que a solução acolhida na Lei-Modelo – ao colocar a ordem preliminar na dependência de uma providência cautelar em que o contraditório é assegurado e ao estabelecer um prazo de caducidade curto – resolveu essas dúvidas em termos práticos, afastando boa parte das críticas formuladas.

Nº 1. Depois de se ressalvar o acordo das partes em sentido diferente (existe, como se afirma correntemente na literatura anglo-americana, um regime de "opção para fora", de *opt out*), prevê-se que qualquer parte de um processo arbitral pode requerer em simultâneo uma providência cautelar prevista nas alíneas a), b) ou c) do n.º 2 do art. 17.º da LAV e a emissão de uma ordem preliminar dirigida à outra parte, sem audiência dela, para que não seja frustrada a finalidade da providência cautelar solicitada. Não será por isso possível requerer uma ordem procedimental nos termos e para os efeitos deste artigo sem em simultâneo requerer ao tribunal arbitral uma providência cautelar. A ordem preliminar é tipicamente uma medida pré-cautelar que consiste numa injunção provisória do tribunal arbitral para que a parte destinatária não altere a situação existente ou se abstenha de comportamentos que agravem os prejuízos decorrentes da sua anterior conduta até que a decisão cautelar verdadeira e própria possa ser tomada.

Ficou claro nos trabalhos preparatórios da alteração da Lei-Modelo que as ordens preliminares não seriam consideradas sentenças arbitrais (*awards*), não podendo ser objecto de execução em caso de incumprimento. Tratar-se-ia de meras decisões processuais (*procedural orders*)

Nº 2. O tribunal arbitral pode emitir a ordem preliminar se considerar que a prévia revelação ao requerido do pedido de providência cautelar entregue simultaneamente com o pedido de emissão daquela ordem cria o risco de frustração da finalidade da providência. Daqui resulta que tal ordem preliminar dependa de um juízo de discricionariedade do tribunal arbitral sobre a verificação do referido risco.

Nª 3. Os requisitos estabelecidos no art. 21.º da LAV para as providências cautelares previstas nas alíneas a) a c) do n.º 2 do art. 20.º da mesma lei são aplicáveis a qualquer ordem preliminar cuja emissão haja sido requerida, de harmonia com o n.º 3. Esta alínea explicita, na linha do disposto no art. 17-B (3) da Lei-Modelo, que o dano a considerar, na aplicação da alínea b) do n.º 1 do art. 21.º da LAV, é o que pode resultar de a ordem preliminar ser ou não emitida.

Afigura-se que os tribunais arbitrais poderão deferir sem dificuldade a emissão da ordem preliminar requerida se considerarem verificados os requisitos para a eventual concessão, após contraditório, da própria providência cautelar ou até mesmo se apenas considerarem que a probabilidade de isso vir a acontecer poderia ficar frustrada se não fosse pré-cautelarmente determinada uma ordem preliminar. Pode por isso acontecer que o tribunal arbitral determine uma ordem preliminar e venha depois a concluir que não há fundamento para decretar uma providência cautelar.

ARM

Artigo 23.º – Regime específico das ordens preliminares

1 – Imediatamente depois de o tribunal arbitral se ter pronunciado sobre um requerimento de ordem preliminar, deve informar todas as partes sobre o pedido de providência cautelar, o requerimento de ordem preliminar, a ordem preliminar, se esta tiver sido emitida, e todas as outras comunicações, incluindo comunicações orais, havidas entre qualquer parte e o tribunal arbitral a tal respeito.

2 – Simultaneamente, o tribunal arbitral deve dar oportunidade à parte contra a qual a ordem preliminar haja sido decretada para apresentar a sua posição sobre aquela, no mais curto prazo que for praticável e que o tribunal fixa.

3 – O tribunal arbitral deve decidir prontamente sobre qualquer objecção deduzida contra a ordem preliminar.

4 – A ordem preliminar caduca 20 dias após a data em que tenha sido emitida pelo tribunal arbitral. O tribunal pode, contudo, após a parte contra a qual se dirija a ordem preliminar ter sido dela notificada e ter tido oportunidade para sobre ela apresentar a sua posição, decretar uma providência cautelar, adoptando ou modificando o conteúdo da ordem preliminar.

5 – A ordem preliminar é obrigatória para as partes, mas não é passível de execução coerciva por um tribunal estadual.

ANOTAÇÃO:
O procedimento de emissão de uma ordem preliminar está regulado neste artigo, inspirado no art. 17-C da Lei-Modelo.

Nº 1. Estabelece-se que, logo depois de o tribunal arbitral se ter pronunciado sobre o pedido de uma ordem preliminar, independentemente de o ter deferido ou não, deve dar informação a todas as partes sobre o teor da providência cautelar requerida, sobre o requerimento da ordem preliminar, sobre a emissão de ordem preliminar, se tiver sido deferido o respectivo pedido, e ainda sobre o teor de todas as comunicações, incluindo comunicações orais (por exemplo, pedidos de esclarecimento e respostas recebidas), havidas entre qualquer parte (por regra, o requerente) e o tribunal arbitral a este respeito.

Tal significa que, tendo sido emitida a ordem preliminar, o destinatário deve imediatamente ter conhecimento de todo o expediente relativo não só à ordem preliminar, mas também à providência cautelar que tiver sido simultaneamente requerida. Este tipo de exigências justifica-se pelo facto de ser co-natural à ordem preliminar a existência de contactos de uma das partes com o tribunal sem o conhecimento e/ou presença da outra, o que é uma exceção à rigorosa regra do direito arbitral, segundo o qual os árbitros e uma das partes não devem relacionar-se sobre assuntos do processo (ver, por exemplo, o artigo 17 (4) das *UNCITRAL Arbitration Rules* – versão de 2010).

Nº 2. Este número impõe que o tribunal arbitral, ao mesmo tempo que dá esta informação a todas as partes, deve dar oportunidade à parte requerida para tomar posição sobre a ordem preliminar emitida, no prazo mais curto praticável e que é fixado pelo tribunal arbitral. Será concebível que tal prazo seja de 24 ou 48 horas.

Nº 3. Impõe uma decisão pronta sobre a oposição do destinatário da ordem preliminar relativamente à emissão desta.

Nº 4. Este número traduz o carácter transitório e precário da ordem preliminar. Existe um prazo de caducidade de 20 dias da ordem preliminar, contado a partir da data em que esta tenha sido emitida (devendo a informação referida no n.º 2 ser imediata, para o que o tribunal arbitral privilegiará a comunicação telemática, por correio electrónico ou por fax). O tribunal pode, após o contraditório do requerido, evitar a caducidade da ordem preliminar, decretando a providência cautelar que a substitua, adoptando ou modificando o conteúdo da ordem preliminar.

Nº 5. Estabelece-se aqui que a ordem preliminar é obrigatória para as partes, mas insusceptível de execução coerciva por um tribunal estadual. Este número absteve-se de inserir a explicitação constante da parte final do art. 17-C (5), da Lei-Modelo de que a ordem preliminar não constitui uma sentença arbitral (*award*), seguramente por ter considerado que o regime consagrado impedia tal qualificação, não podendo uma ordem preliminar proferida por árbitros no estrangeiro ser reconhecida em Portugal, *qua tale*, nos termos dos arts. 55.º a 58.º da LAV.

ARM

SECÇÃO III – Regras comuns às providências cautelares e às ordens preliminares

Artigo 24.º – Modificação, suspensão e revogação; prestação de caução

1 – O tribunal arbitral pode modificar, suspender ou revogar uma providência cautelar ou uma ordem preliminar que haja sido decretada ou emitida, a pedido de qualquer das partes ou, em circunstâncias excepcionais e após ouvi-las, por iniciativa do próprio tribunal.

2 – O tribunal arbitral pode exigir à parte que solicita o decretamento de uma providência cautelar a prestação de caução adequada.

3 – O tribunal arbitral deve exigir à parte que requeira a emissão de uma ordem preliminar a prestação de caução adequada, a menos que considere inadequado ou desnecessário fazê-lo.

ANOTAÇÃO:
A fonte deste artigo é a regulamentação dos arts. 17-D e 17-E da Lei-Modelo.
N.º 1. Estabelece a regra da livre modificação, suspensão ou revogação pelo tribunal arbitral de uma providência cautelar por si decretada ou de uma ordem preliminar por si emitida, a pedido de qualquer das partes – em regra da parte afectada pela medida – ou, a título excepcional, por iniciativa oficiosa, após audição das partes. Reproduz, assim, o disposto no art. 17-D da Lei-Modelo. Deve notar-se que, dada a eficácia temporal muito limitada das ordens preliminares, nos termos do n.º 4 do art. 23.º da LAV, a decisão do tribunal arbitral de alterar, suspender ou revogar tais ordens tem de ser tomada com grande celeridade, antes de ser substituída pela decisão de deferimento da providência cautelar que tenha sido requerida em simultâneo com o pedido de emissão da ordem preliminar, do seu eventual indeferimento ou da caducidade da ordem preliminar. Desta regulamentação decorre que as providências cautelares e as ordens preliminares não fazem caso julgado, podendo ser modificadas, suspensas ou revogadas.

Nº 2. Reproduz o disposto no art. 17-E (1), da Lei-Modelo. O tribunal arbitral tem a faculdade de exigir ao requerente de uma providência cautelar a prestação de caução "adequada". Trata-se de um poder que é, por regra, reconhecido pelas diferentes leis arbitrais e de processo civil (cfr., por exemplo, o art. 390.º, n.º 2, do CPC ou o art. 489.º do CPC francês). Tal caução serve de garantia à obrigação de indemnizar que possa recair sobre a parte requerente (cfr. art. 26.º da LAV).

N.º 3. Reproduz o art. 17-E (2) da Lei-Modelo. A faculdade de o tribunal arbitral exigir uma caução a quem requer a providência cautelar aplica-se igualmente em relação ao pedido de emissão de uma ordem preliminar – o qual é formulado em simultâneo com o pedido de decretamento de uma providência cautelar (cfr. art. 22.º, n.º 1, da LAV). Todavia, o tribunal não determinará a prestação de caução adequada relativamente ao pedido da emissão da ordem preliminar se considerar inadequado ou desnecessário fazê-lo. O inciso final deste número acentua que o tribunal deve, por regra, exigir a prestação de caução ao requerente do pedido de emissão de ordem preliminar, embora a lei conceda aos árbitros a faculdade de o não fazerem, após uma ponderação de adequação ou necessidade de cumprimento de tal dever funcional.

ARM

Art. 25.º – Dever de revelação

1 – As partes devem revelar prontamente qualquer alteração significativa das circunstâncias com fundamento nas quais a providência cautelar foi solicitada ou decretada.

2 – A parte que requeira uma ordem preliminar deve revelar ao tribunal arbitral todas as circunstâncias que possam ser relevantes para a decisão sobre a sua emissão ou manutenção e tal dever continua em vigor até que a parte contra a qual haja sido dirigida tenha tido oportunidade de apresentar a sua posição, após o que se aplica o disposto no n.º 1 do presente artigo.

ANOTAÇÃO:
Este artigo tem como fonte o art. 17-F da Lei-Modelo.

N.º 1. Este número impõe às partes um dever de pronta revelação ao tribunal de qualquer alteração significativa (*any material change*, na versão em língua inglesa do art. 17-E (1) da Lei-Modelo) das circunstâncias com base nas quais foi requerida ou decretada uma providência cautelar.

N.º 2. Quando se trate do pedido de emissão de uma ordem preliminar, impõe-se ao requerente que revele ao tribunal arbitral todas as circunstâncias relevantes para que possa ser tomada uma decisão conscienciosa pelo tribunal arbitral, sem prévio contraditório das partes. Tal dever de revelação abrange ainda a discussão sobre a manutenção da ordem preliminar, quando o tribunal suscitar oficiosamente a questão da eventual suspensão ou revogação da ordem preliminar, antes ainda de ser concedido o contraditório ao requerido. O dever de revelação mantém-se em vigor até que a contraparte exerça o contraditório. Após a pronúncia, passa a vigorar o disposto no n.º 1, na medida em que a ordem preliminar ou caducará ou dará lugar a uma providência cautelar (cfr. art. 23.º, n.º 4, da LAV).

ARM

Artigo 26.º – Responsabilidade do requerente

A parte que solicite o decretamento de uma providência cautelar ou requeira a emissão de uma ordem preliminar é responsável por quaisquer custos ou prejuízos causados à outra parte por tal providência ou ordem, caso o tribunal arbitral venha mais tarde a decidir que, nas circunstâncias anteriormente existentes, a providência ou a ordem preliminar não deveria ter sido decretada ou ordenada. O tribunal arbitral pode, neste último caso, condenar a parte requerente no pagamento da correspondente indemnização em qualquer estado do processo.

ANOTAÇÃO:
A fonte deste artigo é o art. 17-G da Lei-Modelo.
O artigo estabelece a possibilidade de uma responsabilidade de natureza legal a cargo da parte que requer uma providência cautelar ou a emissão de uma ordem preliminar, responsabilidade que abrange quaisquer custos em que a parte requerida tenha incorrido, bem como os prejuízos causados a esta por tal providência ou ordem preliminar, desde que o tribunal arbitral venha mais tarde a decidir que, no circunstancialismo existente ao tempo da solicitação ou de decisão então proferida, a providência cautelar ou a ordem preliminar não deveria ter sido decretada ou emitida.
Tal responsabilidade poderá ser apreciada a todo o tempo no processo arbitral, podendo o tribunal arbitral condenar o requerente a indemnizar o requerido por tais custos e prejuízos, a pedido deste.

ARM

SECÇÃO IV – Reconhecimento ou execução coerciva de providências cautelares

Artigo 27.º – Reconhecimento ou execução coerciva

1 – Uma providência cautelar decretada por um tribunal arbitral é obrigatória para as partes e, a menos que o tribunal arbitral tenha decidido de outro modo, pode ser coercivamente executada mediante pedido dirigido ao tribunal estadual competente, independentemente de a arbitragem em que aquela foi decretada ter lugar no estrangeiro, sem prejuízo do disposto no artigo 28.º.

2 – A parte que peça ou já tenha obtido o reconhecimento ou a execução coerciva de uma providência cautelar deve informar prontamente o tribunal estadual da eventual revogação, suspensão ou modificação dessa providência pelo tribunal arbitral que a haja decretado.

3 – O tribunal estadual ao qual for pedido o reconhecimento ou a execução coerciva da providência pode, se o considerar conveniente, ordenar à parte requerente que preste caução adequada, se o tribunal arbitral não tiver já tomado uma decisão sobre essa matéria ou se tal decisão for necessária para proteger os interesses de terceiros.

4 – A sentença do tribunal arbitral que decidir sobre uma ordem preliminar ou providência cautelar e a sentença do tribunal estadual que decidir sobre o reconhecimento ou execução coerciva de uma providência cautelar de um tribunal arbitral não são susceptíveis de recurso.

ANOTAÇÃO:
A fonte deste artigo é o art. 17-H da Lei-Modelo. À semelhança do disposto em várias legislações nacionais, nomeadamente na Lei Suíça DIP e nas Leis Inglesa, Alemã e Austríaca, a alteração da Lei-Modelo em 2006 previu expressamente a execução pelos tribunais estaduais das providências cautelares decretadas pelos tribunais arbitrais. Deve chamar-se a atenção para que as ordens preliminares não podem ser susceptíveis de execução coerciva pelos tribunais estaduais (art. 23.º, n.º 5, da LAV), embora sejam obrigatórias para as partes.

Nº 1. Nos termos deste número a providência cautelar decretada por um tribunal arbitral é obrigatória para as partes e pode ser coercivamente executada pelo tribunal estadual, salvo se o tribunal arbitral tiver excluído a respectiva execução coerciva (por considerar, por exemplo, que basta a ameaça da injunção para levar o destinatário a acatá-la, ou se estiver no seu poder a concretização sem necessidade de coercividade).

O pedido é apresentado ao tribunal estadual competente, o qual é o tribunal judicial de 1.ª instância em cuja circunscrição se situe o local da arbitragem ou, tratando-se de litígios compreendidos na esfera de jurisdição dos tribunais administrativos, o tribunal administrativo de círculo em cuja circunscrição se situe o lugar da arbitragem (art. 59.º, n.º 4, da LAV). Ainda que a arbitragem tenha lugar no estrangeiro, se o tribunal arbitral tiver decretado uma providência cautelar dirigida contra uma parte com domicílio ou sede em Portugal ou que tenha bens no País, é possível à parte interessada requerer o reconhecimento e a execução coerciva em Portugal, muito embora tal reconhecimento possa ser recusado nos termos do art. 28.º da LAV. O art. 17-H (1) da Lei-Modelo estabelece igualmente que o pedido de execução coerciva pode ser apresentado, independentemente do país que tenha decretado a medida cautelar, ressalvando o disposto no art. 17-I da mesma lei.

N.º 2. Impõe à parte que tenha pedido ou que já tenha obtido o reconhecimento ou a execução coerciva o dever de informar prontamente o tribunal estadual das novas vicissitudes que afectem a providência cautelar, nomeadamente a revogação, suspensão ou modificação pelo tribunal arbitral que a tenha decretado.

Nº 3. Confere o poder ao tribunal estadual de, se o considerar conveniente, ordenar à parte requerente do reconhecimento ou da execução coerciva que preste caução adequada, desde que o tribunal arbitral não tenha tomado uma decisão sobre essa matéria ou se tal decisão for necessária para proteger os interesses de terceiro.

Nº 4. Este artigo – que não tem paralelo em nenhum dos números do art. 17-H da Lei-Modelo – estatui que são irrecorríveis não só a sentença do tribunal arbitral que decidir sobre a emissão de uma ordem preliminar ou sobre uma providência cautelar, como também a sentença do tribunal estadual que decidir sobre o reconhecimento ou execução coerciva de uma providência cautelar de um tribunal arbitral. Trata-se, pois, de casos de irrecorribilidade legal.

ARM

Art. 28.º – Fundamentos de recusa do reconhecimento ou da execução coerciva

1 – O reconhecimento ou a execução coerciva de uma providência cautelar só podem ser recusados por um tribunal estadual:

a) A pedido da parte contra a qual a providência seja invocada, se este tribunal considerar que:

i) Tal recusa é justificada com fundamento nos motivos previstos nas subalíneas i), ii), iii) ou iv) da alínea a) do n.º 1 do artigo 56.º; ou

ii) A decisão do tribunal arbitral respeitante à prestação de caução relacionada com a providência cautelar decretada não foi cumprida; ou

iii) A providência cautelar foi revogada ou suspensa pelo tribunal arbitral ou, se para isso for competente, por um tribunal estadual do país estrangeiro em que arbitragem tem lugar ou ao abrigo de cuja lei a providência tiver sido decretada; ou

b) Se o tribunal estadual considerar que:

i) A providência cautelar é incompatível com os poderes conferidos ao tribunal estadual pela lei que o rege, salvo se este decidir reformular a providência cautelar na medida necessária para a adaptar à sua própria competência e regime processual, em ordem a fazer executar coercivamente a providência cautelar, sem alterar a sua essência; ou

ii) Alguns dos fundamentos de recusa de reconhecimento previstos nas subalíneas i) ou ii) da alínea b) do n.º 1 do artigo 56.º se verificam relativamente ao reconhecimento ou à execução coerciva da providência cautelar.

2 – Qualquer decisão tomada pelo tribunal estadual ao abrigo do n.º 1 do presente artigo tem eficácia restrita ao pedido de reconhecimento ou de execução coerciva de providência cautelar decretada pelo tribunal arbitral. O tribunal estadual ao qual seja pedido o reconhecimento ou a execução de providência cautelar, ao pronunciar-se sobre esse pedido, não deve fazer uma revisão do mérito da providência cautelar.

ANOTAÇÃO:
A fonte deste artigo é o art. 17-I da Lei-Modelo.
Nº 1. Estabelece o quadro de fundamentos pelos quais o tribunal português pode recusar o reconhecimento de decisão do tribunal arbitral estrangeiro que tenha decretado uma providência cautelar que se pretende executar em Portugal ou pode indeferir a execução coerciva de uma providência cautelar decretada por tribunal arbitral em arbitragem que tenha lugar no território português (cfr. art. 61.º da LAV). Tais fundamentos ou têm de ser alegados ou provados pelas partes ou são de conhecimento oficioso.

Tal como sucede com os fundamentos de recusa de reconhecimento de sentença arbitral estrangeira (art. 56.º da LAV), o art. 28.º distingue fundamentos que não são de conhecimento oficioso, fundamentos de natureza geral (n.º 1, alínea a), e subalíneas (i) a (iv) do art. 56.º, disposições aplicáveis por remissão ao reconhecimento de decisões arbitrais estrangeiras em matéria de procedimentos cautelares); e fundamentos específicos que também não são de conhecimento oficioso, a saber, o incumprimento da decisão do tribunal arbitral respeitante à prestação de caução relacionada com a providência cautelar cujo reconhecimento se pretende ou, então, a revogação ou suspensão da providência cautelar pelo tribunal arbitral, ou, se para isso for competente, por um tribunal estadual do país estrangeiro em que a arbitragem tem lugar ou ao abrigo de cuja lei a providência haja sido decretada.

São, em contrapartida, fundamentos de conhecimento oficioso, por um lado, um específico, a saber, a incompatibilidade da providência cautelar com os poderes conferidos ao tribunal estadual pela lei que rege este último, salvo se o tribunal estadual decidir reformular a providência cautelar na medida necessária para a adaptar à sua própria competência e regime processual, em ordem a fazer executar a providência cautelar, sem alterar a sua essência[15] e, por outro lado, os fundamentos gerais de conhecimento oficioso que permitem a recusa de reconhecimento da sentença final previstos na alínea i) e ii) da alínea b) do n.º 1 do art. 56.º da LAV (inarbitrabilidade do litígio; situação em que o reconhecimento ou execução da decisão arbitral conduza a um resultado manifestamente incompatível com a ordem pública internacional do Estado português). Veja-se também a anotação do art. 56.º da LAV.

Nº 2. Estabelece-se aqui a eficácia restrita da decisão do tribunal estadual tomada nos termos do n.º 1 deste art. 28.º da LAV. Tal eficácia restrita significa que a decisão só se aplica ao pedido de reconhecimento ou de execução coerciva, sendo vedado ao tribunal estadual, ao apreciar a solicitação de reconhecimento ou de execução coerciva da providência cautelar, fazer uma revisão de mérito dessa providência cautelar.

ARM

---

[15] A alteração da Lei Austríaca em 2006 acolheu idêntico regime. Cfr. o seu § 593-3.

Artigo 29.º – Providências cautelares decretadas por um tribunal estadual

1 – Os tribunais estaduais têm poder para decretar providências cautelares na dependência de processos arbitrais, independentemente do lugar em que estes decorram, nos mesmos termos em que o podem fazer relativamente aos processos que corram perante os tribunais estaduais.

2 – Os tribunais estaduais devem exercer esse poder de acordo com o regime processual que lhes é aplicável, tendo em consideração, se for o caso, as características específicas da arbitragem internacional.

ANOTAÇÃO:
Este artigo tem a sua fonte no art. 17-J da Lei-Modelo.

N.º 1. Reafirma que os tribunais estaduais mantêm a sua competência para decretar providências cautelares na dependência de processos arbitrais, antes da instauração destes ou na sua pendência. Tal regra completa a do art. 9.º da LAV (tal como o art. 17-I completa o disposto no art. 9 da Lei-Modelo).

Dado que os tribunais arbitrais também têm competência para decretar providências cautelares, é usual na doutrina falar-se de competências concorrentes da jurisdição estadual e de jurisdição arbitral em matéria cautelar. A competência dos tribunais estaduais para decretar medidas cautelares na dependência de processos arbitrais não depende do lugar em que estes últimos decorram. Por outro lado, os termos em que os tribunais estaduais podem decretar medidas cautelares é modelado pelo regime aplicável aos processos que corram perante os tribunais estaduais.

Deve notar-se que esta norma não permite sustentar que os tribunais estaduais só podem intervir a título subsidiário. Na verdade, a LAV não confere qualquer competência a título primário aos árbitros para decretarem providências cautelares.

Nº 2. Corresponde à segunda frase ou inciso do art. 17-J da Lei-Modelo, e explicita que o exercício do poder de decretar providências cautelares na dependência do processo arbitral obedece ao regime processual que é aplicável a esses tribunais estaduais, tendo em consideração, se for o caso, as características específicas da arbitragem internacional. Esta norma visa permitir em arbitragens internacionais que o tribunal estadual possa afastar-se dos limites apertados do regime processual português.

ARM

CAPÍTULO V – Da condução do processo arbitral

Artigo 30.º – Princípios e regras do processo arbitral

1 – O processo arbitral deve sempre respeitar os seguintes princípios fundamentais:

a) O demandado é citado para se defender;

b) As partes são tratadas com igualdade e deve ser-lhes dada uma oportunidade razoável de fazerem valer os seus direitos, por escrito ou oralmente, antes de ser proferida a sentença final;

c) Em todas as fases do processo é garantida a observância do princípio do contraditório, salvas as excepções previstas na presente lei.

2 – As partes podem, até à aceitação do primeiro árbitro, acordar sobre as regras do processo a observar na arbitragem, com respeito pelos princípios fundamentais consignados no número anterior do presente artigo e pelas demais normas imperativas constantes desta lei.

3 – Não existindo tal acordo das partes e na falta de disposições aplicáveis na presente lei, o tribunal arbitral pode conduzir a arbitragem do modo que considerar apropriado, definindo as regras processuais que entender adequadas, devendo, se for esse o caso, explicitar que considera subsidiariamente aplicável o disposto na lei que rege o processo perante o tribunal estadual competente.

4 – Os poderes conferidos ao tribunal arbitral compreendem o de determinar a admissibilidade, pertinência e valor de qualquer prova produzida ou a produzir.

5 – Os árbitros, as partes e, se for o caso, as entidades que promovam, com carácter institucionalizado, a realização de arbitragens voluntárias, têm o dever de guardar sigilo sobre todas as informações que obtenham e documentos de que tomem conhecimento através do processo arbitral, sem prejuízo do direito de as partes tornarem públicos os actos processuais necessários à defesa dos seus direitos e do dever de comunicação ou revelação de actos do processo às autoridades competentes, que seja imposto por lei.

6 – O disposto no número anterior não impede a publicação de sentenças e outras decisões do tribunal arbitral, expurgadas de elementos de identificação das partes, salvo se qualquer destas a isso se opuser.

ANOTAÇÃO:
Os princípios de tratamento das partes em pé de igualdade e de garantia da concessão a cada uma de todas as possibilidades de fazer valer os seus direitos consta do art. 18 da Lei-Modelo. A formulação acolhida é ainda tributária do art. 16.º da LAV 1986. Os n.ºs 2, 3 e 4 são também influenciados pelo art. 19 da Lei-Modelo

Nº 1. A enumeração dos princípios fundamentais consta do n.º 1 e segue de perto o disposto no art. 16.º da LAV1986. É imposto que o demandado seja citado para se defender, que as partes devam ser tratadas com igualdade, devendo ser-lhes dada a oportunidade razoável de fazerem valer os seus direitos de forma escrita ou oral-

mente, antes de ser proferida a sentença (formulação que provém do art. 18.º da Lei-
-Modelo, embora temperada pelo conceito de razoabilidade que está presente nas
UNCITRAL Arbitration Rules de 2010, art 17 (1)) e que em todas as fases do processo
seja garantida a observância do princípio do contraditório. Trata-se de uma trilogia
bem conhecida do direito processual e do direito arbitral: princípio da proibição de
indefesa, princípio de igual tratamento e princípio do contraditório, salvas as excepções previstas na LAV (é, por exemplo, o caso das ordens preliminares – art. 22.º).
Na anotação do art. 30.º do Anteprojecto de 2010 da APA refere-se que pareceu pre-
ferível consagrar "como princípio fundamental da arbitragem o de as partes serem
«tratadas com igualdade» (como fazem, nomeadamente, a Lei-Modelo art. 18, a Lei
Alemã, §1042(i) e a Lei Espanhola, (art. 24.º, n.º 1), em vez de se dizer que devem
ser «tratadas com absoluta igualdade» (como fazia o art. 16.º, b), da LAV1986), na
medida em que as circunstâncias podem ser diversas para cada uma das partes". É
aí invocada a opinião de Jan Paulsson e a ideia de "processo equitativo", acolhida no
n.º 3 do art. 20.º da Constituição, a qual pode "impor uma aplicação flexível (i.e., não
absoluta ou rígida) do princípio da «igualdade de tratamento das partes»".

Deve notar-se que é muito debatido na doutrina se os árbitros podem recorrer
na sentença a normas não discutidas pelas partes (princípio *iura novit curia*) e, em
caso afirmativo, se devem ouvir previamente as partes sobre a solução que admitem
consagrar na sentença, não obstante aquelas terem já tido a oportunidade razoável
de fazer valer os seus direitos, nomeadamente em alegações finais, escritas ou orais.
A tendência dominante é no sentido de que o as partes devem ser ouvidas previamente, embora exista o risco de o tribunal arbitral pré-anunciar o sentido da sua
decisão, ao notificar para o efeito.

N.º 2. Mantém a regra constante do art. 15.º, n.º 1, da LAV 1986, mas impõe que
o acordo das partes sobre as regras do processo arbitral deva observar os princípios
fundamentais enunciados no número anterior e nas demais normas imperativas
constantes da lei. E só o podem fazer até à aceitação do primeiro árbitro, pois nesse
momento se inicia a passagem dos poderes processuais das partes para os árbitros.

Nº 3. Na falta desse acordo e na falta de normas aplicáveis na LAV, o tribunal arbitral pode conduzir o processo arbitral do modo que considerar apropriado. Pode,
assim, o tribunal arbitral definir as regras processuais que entender "adequadas",
podendo ainda, se assim lhe parecer apropriado, explicitar a aplicação subsidiária do
disposto na lei de processo que seja aplicável no processo arbitral perante o tribunal
estadual competente (embora objecto de críticas, é frequente entre nós a aplicação
pelos árbitros, mesmo a título principal, das regras do processo civil declarativo). Se
tal explicitação não for feita, deve presumir-se – como é boa prática das arbitragens
internacionais – que o CPC não é relevante para o processo arbitral. Segundo a anotação do anteprojecto de 2010 da LAV, a mudança de lugar do inciso "se for o caso",
em relação ao Anteprojecto de 2009, pretende afastar com clareza o entendimento
erróneo entre nós de que as normas de direito processual civil são sempre subsidiariamente aplicáveis ao processo arbitral.

Nº 4. Os poderes conferidos ao tribunal arbitral abrangem o de decidir sobre a admissibilidade de meios de prova, a pertinência desses meios e o valor de qualquer prova produzida ou a produzir. Trata-se de norma imperativa, inspirada no art. 19, 2.ª parte, da Lei-Modelo, que clarifica a questão – por vezes suscitada na prática arbitral em Portugal – da possibilidade de meios de prova não admitidos no CPC, como é o caso do depoimento de parte como testemunha e não apenas para confessar.

Nº 5. Estabelece este número um dever de confidencialidade dos árbitros, das partes, e das entidades que organizam arbitragens institucionalizadas, de modo que estes têm de guardar sigilo sobre as informações obtidas e documentos de que tomem conhecimento através do processo arbitral. Esse dever de sigilo abrange os depoimentos testemunhais produzidos no processo arbitral. As partes podem, porém, tornar públicos os actos necessários à defesa dos seus direitos. Por outro lado, o dever de confidencialidade cessa quando existe um dever de comunicação ou revelação de actos do processo às autoridades competentes, que seja imposto por lei aos árbitros (nomeadamente no âmbito da repressão de actos de corrupção ou de branqueamento de capitais). As ressalvas ao dever de confidencialidade não foram inspiradas por nenhuma lei estrangeira, parecendo "impor-se por si, dispensando justificação específica" (anotação do Anteprojecto da LAV de 2010 da APA). Em todo o caso o dever de confidencialidade do processo pode ter de ceder perante deveres de transparência e publicidade que, em regra, devem caracterizar as arbitragens em que participem entidades públicas, como as arbitragens de investimento.

Nº 6. Não contraria o dever de confidencialidade acolhido no n.º 5 a possibilidade de publicação da sentença e de outras decisões do tribunal arbitral, desde que expurgadas dos elementos de identificação das partes (mas não necessariamente dos árbitros). Qualquer das partes pode, porém, opor-se a tal publicação, não carecendo de justificar a sua oposição. A publicação das sentenças arbitrais destina-se a que possam ser analisadas e comentadas pelos estudiosos, de forma a fomentar "a formação e consolidação de uma «jurisprudência arbitral», tanto quanto possível coerente"[16].

ARM

Artigo 31.º – Lugar da arbitragem

1 – As partes podem livremente fixar o lugar da arbitragem. Na falta de acordo das partes, este lugar é fixado pelo tribunal arbitral, tendo em conta as circunstâncias do caso, incluindo a conveniência das partes.

2 – Não obstante o disposto no n.º 1 do presente artigo, o tribunal arbitral pode, salvo convenção das partes em contrário, reunir em qualquer local que julgue apropriado para se realizar uma ou mais audiências, permitir a realização de qualquer diligência probatória ou tomar quaisquer deliberações.

---

[16] Anotação ao art. 30.º do Anteprojecto de 2010 da APA.

ANOTAÇÃO:

Nº 1. A fonte deste artigo é o art. 20 da Lei-Modelo. A regra da livre fixação do lugar da arbitragem pelas partes já estava consagrada no art. 15.º, n.º 1, da LAV 1986, embora aí se previsse que a escolha fosse feita ou na convenção de arbitragem ou em escrito posterior, até à aceitação do primeiro árbitro. Deixa de se prever especialmente tal limite temporal na LAV, mas desde esse momento é o tribunal arbitral quem passa a ter competência para o determinar. Também se deixou de referir – por desnecessidade – a eventualidade de a escolha das regras de processo e do lugar da arbitragem resultar da escolha de um regulamento de arbitragem de instituição autorizada a organizar arbitragens ou ainda da escolha de tal entidade para a realização de arbitragens sob a respectiva égide (n.º 2 do art. 15.º da LAV 1986). Na falta de acordo das partes, a escolha é feita pelo tribunal arbitral, determinando o n.º 1 em análise que o tribunal arbitral tem de atender "às circunstâncias do caso, incluindo a conveniência das partes", reproduzindo a fórmula constante do art. 20 (1), da Lei-Modelo.

Nº 2. As faculdades atribuídas aos árbitros, salvo convenção das partes em contrário, são as previstas no art. 20 (2), da Lei-Modelo. Realmente o lugar da arbitragem não se confunde com o lugar onde fisicamente se praticam atos processuais arbitrais que pode ser diverso por conveniências das partes e seus advogados, dos árbitros ou até de testemunhas. Esta norma é útil para evitar dúvidas processuais ou outras sobre, por exemplo, a lei processual supletiva aplicável, visto que em arbitragens internacionais é muito frequente que os trabalhos (decisões dos árbitros e audiências) ocorram em países diversos daquele onde se situa o lugar da arbitragem.

ARM

Artigo 32.º – Língua do processo

1 – As partes podem, por acordo, escolher livremente a língua ou línguas a utilizar no processo arbitral. Na falta desse acordo, o tribunal arbitral determina a língua ou línguas a utilizar no processo.

2 – O tribunal arbitral pode ordenar que qualquer documento seja acompanhado de uma tradução na língua ou línguas convencionadas pelas partes ou escolhidas pelo tribunal arbitral.

ANOTAÇÃO:

A fonte deste artigo é o art. 22 da Lei-Modelo.

Nº 1. As partes podem escolher livremente a língua – ou mais do que uma língua – a utilizar no processo arbitral. Por regra, tal escolha ocorre na arbitragem internacional por haver partes, mandatários ou árbitros de diferentes nacionalidades. Na falta de acordo, a determinação da língua ou línguas a utilizar é feita pelo tribunal arbitral. Pode, além disso, mesmo quando exista uma língua do processo, acontecer que o tribunal arbitral determine a utilização de uma ou várias outras línguas de trabalho diferentes da estipulada para a arbitragem.

Nº 2. Prevê-se a faculdade de o tribunal arbitral ordenar que qualquer documento seja acompanhado de tradução na língua ou línguas convencionadas pelas partes ou escolhidas pelo tribunal. Tal solução resulta do art. 22 (2) da Lei-Modelo. Deve entender-se que, se o tribunal o não determinar, não haverá lugar a tradução obrigatória.

A Lei-Modelo explicita que a utilização na arbitragem de uma certa língua ou línguas, a menos que haja determinação em contrário, abrange "qualquer declaração escrita de uma das partes", "qualquer procedimento oral" e "qualquer sentença, decisão ou outra comunicação do tribunal arbitral" – art. 22, n.º 1. Esta explicitação afigura-se, em rigor, supérflua.

ARM

Artigo 33.º – Início do processo; petição e contestação

1 – Salvo convenção das partes em contrário, o processo arbitral relativo a determinado litígio tem início na data em que o pedido de submissão desse litígio a arbitragem é recebido pelo demandado.

2 – Nos prazos convencionados pelas partes ou fixados pelo tribunal arbitral, o demandante apresenta a sua petição, em que enuncia o seu pedido e os factos em que este se baseia, e o demandado apresenta a sua contestação, em que explana a sua defesa relativamente àqueles, salvo se tiver sido outra a convenção das partes quanto aos elementos a figurar naquelas peças escritas. As partes podem fazer acompanhar as referidas peças escritas de quaisquer documentos que julguem pertinentes e mencionar nelas documentos ou outros meios de prova que venham a apresentar.

3 – Salvo convenção das partes em contrário, qualquer delas pode, no decurso do processo arbitral, modificar ou completar a sua petição ou a sua contestação, a menos que o tribunal arbitral entenda não dever admitir tal alteração em razão do atraso com que é formulada, sem que para este haja justificação bastante.

4 – O demandado pode deduzir reconvenção, desde que o seu objecto seja abrangido pela convenção de arbitragem.

ANOTAÇÃO:
A fonte deste artigo são os arts. 21 e 23 da Lei-Modelo.
Nº 1. O processo arbitral tem início, por regra, na data em que o pedido de submissão do litígio a arbitragem é recebido pelo demandado ou requerido. A vontade das partes pode estabelecer solução diversa. Idêntica regulamentação está prevista no art. 21 da Lei-Modelo. O pedido de submissão é feito nas arbitragens *ad hoc* através de comunicação do requerente ou demandante ao demandado da pessoa designada como árbitro e o convite para que o requerido ou demandado

nomeie também outro árbitro (cfr. art. 10.º, nºs 2 e 3, da LAV). Nas arbitragens que sejam instauradas em instituições de arbitragem haverá que observar as regras do respectivo regulamento.

Nº 2. Diferentemente do que acontecia com a LAV 1986, que não aludia a esta matéria, prevê-se a existência de peças escritas a apresentar pelas partes nos prazos convencionados por estas ou fixados pelo tribunal arbitral: o demandante apresenta uma peça designada como petição inicial em que enuncia o pedido e a causa de pedir ("os factos em que este [pedido] se baseia"), o demandado, por seu turno, tem a faculdade de apresentar o seu articulado, denominado contestação, em que expõe a sua defesa relativamente ao pedido e à causa de pedir. Na contestação, o demandado pode deduzir um pedido reconvencional, desde que o seu objecto seja abrangido pela convenção de arbitragem – é o que resulta do n.º 4. Não se encontra norma paralela no art. 23 da Lei-Modelo, que não alude à reconvenção.

O n.º 2 admite que as partes possam convencionar de forma diversa quanto aos elementos a figurar nas peças escritas. Parece claro que a LAV impõe a existência de duas peças escritas, pelo menos, embora o seu conteúdo possa ser moldado pela vontade das partes. Dá-se a faculdade às partes de fazerem acompanhar as suas peças escritas de documentos que julguem pertinentes e de mencionar nas peças os documentos ou outros meios de prova a apresentar. A boa regra é que todos os documentos sejam juntos com os articulados. Trata-se de regulamentação que reproduz o art. 23, n.º 1, da Lei--Modelo.

Nº 3. Prevê este número a possibilidade de qualquer das partes alterar ou completar os articulados iniciais (petição e contestação) no decurso do processo, salvo convenção das partes em contrário. O tribunal arbitral pode não admitir a alteração se considerar o atraso com que foi formulada, na ausência de justificação para tal. O art. 23 (2), da Lei-Modelo só alude ao atraso, não referindo a eventual justificação para o mesmo.

Nº 4. A possibilidade de dedução de reconvenção está prevista no §1046 da Lei Alemã e aparece em diversos regulamentos de instituições de arbitragem. A formulação adoptada impede que, por via de reconvenção em processo arbitral, se obtenha compensação quando o crédito do devedor compensante derive de relação jurídica não abrangida pela convenção de arbitragem. Deve notar-se que a compensação pode ser deduzida como meio de defesa (excepção) sem ser por via reconvencional, quando não se pretende a condenação do demandante ou requerente no excedente, mas a mera extinção do crédito peticionado[17].

---

[17] Na Proposta de Lei n.º 48/XI, que veio a caducar, aditava-se ao preceito correspondente (art. 30.º, n.º 4) um inciso final do seguinte teor: "Podendo ser deduzido um articulado adicional à mesma [reconvenção]". A não inclusão deste inciso não permite sustentar que não está prevista contestação escrita ao pedido reconvencional. A existência deste terceiro articulado decorre do princípio da igualdade de tratamento das partes (cfr. art. 30.º, n.º 1, alínea b), da LAV).

Não está excluído que possa haver um segundo articulado do demandante de resposta a excepções, previsto nas regras processuais adoptadas pelas partes, pelos árbitros ou por todos consensualmente. Tal solução – também, aplicável ao demandado, se houver pedido reconvencional – decorre do princípio adoptado no art. 30.º, n.º 1, alínea b), da LAV.

ARM

Artigo 34.º – Audiências e processo escrito

1 – Salvo convenção das partes em contrário, o tribunal decide se serão realizadas audiências para a produção de prova ou se o processo é apenas conduzido com base em documentos e outros elementos de prova. O tribunal deve, porém, realizar uma ou mais audiências para a produção de prova sempre que uma das partes o requeira, a menos que as partes hajam previamente prescindido delas.

2 – As partes devem ser notificadas, com antecedência suficiente, de quaisquer audiências e de outras reuniões convocadas pelo tribunal arbitral para fins de produção de prova.

3 – Todas as peças escritas, documentos ou informações que uma das partes forneça ao tribunal arbitral devem ser comunicadas à outra parte. Deve igualmente ser comunicado às partes qualquer relatório pericial ou elemento de prova documental que possa servir de base à decisão do tribunal.

ANOTAÇÃO:
A fonte deste artigo é o art. 24 da Lei-Modelo.
Nº 1. Prevê-se que, por regra, é o tribunal arbitral que decide se terão lugar audiências de julgamento, ou seja, audiências para produção de prova e, eventualmente, de alegações orais ou, pelo contrário, se o processo é apenas escrito, com base em documentos ou outros elementos de prova registados por escrito ou através de outro meio (por exemplo, depoimentos de testemunhas gravados ou escritos, relativamente aos quais não tenham sido solicitados esclarecimentos a prestar oralmente). Verifica-se, pois, que o legislador não considerou trâmite essencial a audiência de julgamento, embora a disposição admita que possa existir convenção das partes em contrário, nomeadamente através de uma regra processual acordada pelas partes no sentido de haver sempre audiência oral para produção de prova e para produção de alegações orais sobre o litígio. Na segunda parte deste número, impõe-se ao tribunal arbitral a realização de audiências para a produção de prova sempre que uma das partes o requeira, salvo anterior acordo das partes no sentido de prescindirem de tais audiências. A segunda parte do art. 24 (1) da Lei-Modelo alude a que a realização de audiências orais ocorrerá numa fase adequada do processo arbitral. Há-de

entender-se que tal fase "adequada" será subsequente à troca de peças escritas e à indicação dos meios de prova por cada uma das partes.

Nº 2. Esta norma impõe que haja uma notificação do tribunal, com antecedência suficiente, a anunciar a realização de quaisquer audiências ou de outras reuniões para fins de produção de prova (a Lei-Modelo alude a reuniões para exame de mercadorias, outros bens e documentos). Trata-se de assegurar a igualdade de tratamento das partes e a lealdade processual, evitando notificações "em cima da hora", que possam pôr em risco a comparência das partes e dos seus mandatários.

Nº3.Impõe este número o dever ao tribunal de comunicar a cada uma das partes as peças escritas, documento ou informação que uma parte lhe forneça, salvo, claro, se tiver sido acordado um procedimento de notificação directa entre as partes (mas, neste caso, o tribunal terá de se assegurar que tais comunicações foram efectivamente feitas, exigindo, nomeadamente, prova do envio através de recibos de correio electrónico, comprovativos de envio de telecópias, talão do registo postal ou cópia do protocolo assinado pelo destinatário). Tal dever de comunicação abrange ainda os relatórios periciais e quaisquer outros elementos documentais que possam servir de base à sentença arbitral.

ARM

Artigo 35.º – Omissões e faltas de qualquer das partes

1 – Se o demandante não apresentar a sua petição em conformidade com o n.º 2 do artigo 33.º, o tribunal arbitral põe termo ao processo arbitral.

2 – Se o demandado não apresentar a sua contestação, em conformidade com o n.º 2 do artigo 33.º, o tribunal arbitral prossegue o processo arbitral, sem considerar esta omissão, em si mesma, como uma aceitação das alegações do demandante.

3 – Se uma das partes deixar de comparecer a uma audiência ou de produzir prova documental no prazo fixado, o tribunal arbitral pode prosseguir o processo e proferir sentença com base na prova apresentada.

4 – O tribunal arbitral pode, porém, caso considere a omissão justificada, permitir a uma parte a prática do acto omitido.

5 – O disposto nos números anteriores deste artigo entende-se sem prejuízo do que as partes possam ter acordado sobre as consequências das suas omissões.

ANOTAÇÃO:
A origem deste preceito encontra-se no art. 25 da Lei-Modelo.

Nº 1. Estabelece este número uma cominação para a não apresentação pelo demandante da petição inicial em conformidade com o n.º 2 do art. 33.º da LAV: a extinção do processo por decisão do tribunal arbitral. Deve notar-se, porém, que o tribunal pode considerar a omissão justificada e autorizar o demandante a apresentar mais tarde o seu articulado (n.º 4 deste preceito) e que, em qualquer caso, esta norma é supletiva, podendo ser afastada por convenção das partes (n.º 5). Na prática, é frequente que as regras de processo prevejam a possibilidade de prorrogação do prazo para apresentação de articulado, por decisão do tribunal. A solução aqui acolhida baseia-se na ideia de que tal omissão equivale a uma desistência do pedido arbitral.

Nº 2. Prevê-se agora a omissão da contestação pelo demandado, no prazo estabelecido (cfr. art. 33.º, n.º 2, da LAV). Tal omissão não afecta a instância arbitral, devendo o tribunal arbitral fazer prosseguir o processo arbitral. A omissão de apresentação da contestação não implica, em si mesma, a aceitação pelo demandado dos factos alegados pelo demandante. A revelia não tem, pois, como efeito a confissão dos factos alegados pelo demandante, contrariamente ao que sucede no processo civil português quanto à chamada revelia operante. Trata-se, porém, de norma supletiva, que pode ser afastada por regulamentação contrária explicitamente adoptada pelas partes, embora tal possibilidade seja improvável e não admitida por árbitros em arbitragens internacionais, em homenagem ao facto de não existir ónus de impugnação especificada e, por isso, quem alega um facto ter o dever pleno de o provar.

Nº 3. Prevê-se aqui a situação de uma das partes não comparecer ou deixar de produzir prova documental no prazo fixado. Tais omissões não afectam em princípio a prossecução do processo, se o tribunal assim o entender, e o tribunal arbitral deverá proferir a sentença com base na prova apresentada. Trata-se de um preceito que visa evitar que uma parte sabote o processo arbitral, nomeadamente porque considera que, com toda a probabilidade, irá decair no pedido.

Nº 4. Permite-se que as omissões previstas nos n°s 1, 2 e 3 possam ser relevadas por decisão do tribunal, se este as considerar justificadas. Em tal caso, o tribunal concederá prazo ou permitirá que a parte em falta pratique o acto omitido. As situações de justo impedimento relevantes no comum dos processos estaduais (cfr. art. 146.º do CPC) também poderão relevar no processo arbitral, mediante decisão do próprio tribunal arbitral.

Nº 5. Os n°s 1 a 4 são normas supletivas, admitindo o n.º 5 regulamentação contrária para essas eventualidades, aprovada por acordo das partes, nos termos do n.º 2 do art. 30.º da LAV.

ARM

Artigo 36.º – Intervenção de terceiros

1 – Só podem ser admitidos a intervir num processo arbitral em curso terceiros vinculados pela convenção de arbitragem em que aquele se baseia, quer o estejam desde a respectiva conclusão, quer tenham aderido a ela subsequentemente. Esta adesão carece do consentimento de todas as partes na convenção de arbitragem e pode ser feita só para os efeitos da arbitragem em causa.

2 – Encontrando-se o tribunal arbitral constituído, só pode ser admitida ou provocada a intervenção de terceiro que declare aceitar a composição actual do tribunal; em caso de intervenção espontânea, presume-se essa aceitação.

3 – A admissão da intervenção depende sempre de decisão do tribunal arbitral, após ouvir as partes iniciais na arbitragem e o terceiro em causa. O tribunal arbitral só deve admitir a intervenção se esta não perturbar indevidamente o normal andamento do processo arbitral e se houver razões de relevo que a justifiquem, considerando-se como tais, em particular, aquelas situações em que, não havendo manifesta inviabilidade do pedido:

a) O terceiro tenha em relação ao objecto da causa um interesse igual ao do demandante ou do demandado, que inicialmente permitisse o litisconsórcio voluntário ou impusesse o litisconsórcio necessário entre uma das partes na arbitragem e o terceiro; ou

b) O terceiro queira formular, contra o demandado, um pedido com o mesmo objecto que o do demandante, mas incompatível com o deste; ou

c) O demandado, contra quem seja invocado crédito que possa, *prima facie*, ser caracterizado como solidário, pretenda que os demais possíveis credores solidários fiquem vinculados pela decisão final proferida na arbitragem; ou

d) O demandado pretenda que sejam chamados terceiros, contra os quais o demandado possa ter direito de regresso em consequência da procedência, total ou parcial, de pedido do demandante.

4 – O que ficou estabelecido nos números anteriores para demandante e demandado vale, com as necessárias adaptações, respectivamente para demandado e demandante, se estiver em causa reconvenção.

5 – Admitida a intervenção, aplica-se, com as necessárias adaptações, o disposto no artigo 33.º

6 – Sem prejuízo do disposto no número seguinte, a intervenção de terceiros anteriormente à constituição do tribunal arbitral só pode ter lugar em arbitragem institucionalizada e desde que o regulamento de arbitragem aplicável assegure a observância do princípio da igualdade de participação de todas as partes, incluindo os membros de partes plurais, na escolha dos árbitros.

7 – A convenção de arbitragem pode regular a intervenção de terceiros em arbitragens em curso de modo diferente do estabelecido nos números anteriores, quer directamente, com observância do princípio da igualdade de participação de todas as partes na escolha dos árbitros, quer mediante remissão para um regulamento de arbitragem institucionalizada que admita essa intervenção.

ANOTAÇÃO:
Não existe regulamentação sobre a intervenção de terceiros nem na Lei-Modelo, nem no comum das legislações nacionais vigentes sobre arbitragem voluntária. Além de algumas leis nacionais, apenas um número restrito de regulamentos de instituições de arbitragem prevê o instituto da intervenção de terceiros[18]. A Proposta de Lei n.º 48/XI também regulava esta matéria em termos semelhantes, mas não consagrava a regra do n.º 1 deste artigo.

Nº 1: Este preceito só permite a intervenção de terceiros num processo arbitral em curso desde que estes estejam vinculados pela convenção de arbitragem que está na base desse processo. A lei não exige que tal vinculação seja originária, admitindo que tenha havido adesão subsequente pelo terceiro, desde que todas as partes na convenção consintam na adesão subsequente pelo terceiro. A parte final do n.º 1 admite que a adesão do terceiro tenha um âmbito limitado, sendo feita apenas para os efeitos da arbitragem em causa. A exigência do consentimento de todos os envolvidos decorre do desejo de evitar o risco de lesão de interesses das partes primitivas e os inconvenientes para a condução célere do processo[19].

Nº 2. Regula este número o regime de intervenção de terceiros depois da constituição do tribunal arbitral. A admissão da intervenção ou a dedução do pedido de intervenção provocada depende de o terceiro declarar que aceita a composição actual do tribunal arbitral. Tratando-se de intervenção espontânea, presume-se a aceitação dessa composição.

Nº 3. Este preceito regula a tramitação da intervenção. A admissão tem de ser aceite pelo tribunal arbitral, após a audição das partes iniciais da arbitragem e do

---

[18] Constituem exemplos o art. 17(5) do Regulamento de Arbitragem da UNCITRAL para as arbitragens *ad hoc* (revisão de 2010), o art. 22, 1, h), do Regulamento da *"London Court of International Arbitration"* (LCIA), o art. 4.º, n.º 2 do Regulamento unificado das Câmaras de Comércio Suíças (versão de 2006) e o art. 25.º do Regulamento de Arbitragem da ACL/CCIP. O Regulamento de 2012 da CCI ("Regulamentos de Arbitragem e de ADR") regula a integração das partes adicionais no seu art. 7.º. Os arts. 8.º a 10.º deste Regulamento tratam de demandas entre partes múltiplas, múltiplos contratos e consolidações de arbitragens.
O art. 1045.º do CPC holandês (1986), o art. 1696.º-bis do *"Code Judiciaire"* belga (reforma de 1998) e o art. 816.º-quinquies da Lei Italiana (reforma de 2006) regulam a intervenção de terceiros na instância arbitral.
Durante os trabalhos preparatórios da Lei de Arbitragem sueca de 1999 chegou a ser equacionada a regulamentação da intervenção de terceiros, mas a ideia acabou por ser abandonada.
[19] A exigência do consentimento das partes da convenção pré-existente relativamente à adesão pelo terceiro consta igualmente do art. 1045.º, n.º 3, do CPC holandês. O *Code Judiciaire* belga exige não só o consentimento das partes primitivas da convenção de arbitragem relativamente à adesão do terceiro, mas ainda o consentimento do tribunal arbitral deliberado por unanimidade (art. 1696.º-bis, n.º 3). A mesma solução foi adoptada em 2006 pela Reforma do CPC italiano (art. 816.º-quinquies, primeiro inciso).Deve notar-se que as leis processuais referidas admitem a intervenção espontânea de terceiros e a provocada. O Regulamento de 2012 da CCI só prevê a intervenção provocada por uma das partes originárias.

terceiro. A admissão depende de um juízo do tribunal arbitral sobre se a intervenção não é susceptível de perturbar "indevidamente o normal andamento do processo arbitral" e, em segundo lugar, se existem razões de relevo que justifiquem a intervenção. O poder do tribunal arbitral é vinculado aos fundamentos que constam deste artigo, mas não à vontade das partes.

Consideram-se como razões de relevo, em particular, as seguintes situações, desde que não haja manifesta inviabilidade do pedido:
- a circunstância de o terceiro ter em relação ao objecto da causa um interesse igual ao do demandante ou do demandado que inicialmente permitisse o litisconsórcio voluntário ou impusesse o litisconsórcio necessário entre uma das partes e o terceiro – trata-se de um caso típico de "intervenção principal" prevista nos arts. 320.º, alínea a), e 325.º, n.º 1, do CPC;
- a circunstância de o terceiro querer formular um pedido com o mesmo objecto que o do demandante, mas incompatível com o deste – esta previsão inspira-se no incidente de oposição, regulado nos arts. 342.º e segs. do CPC;
- a circunstância de o demandado contra quem seja invocado um crédito caracterizado perfuntoriamente (*prima facie*) como solidário, pretender que os demais possíveis credores solidários fiquem vinculados pela decisão final proferida na arbitragem – inspira-se no caso de intervenção principal provocada prevista nos arts. 325.º e segs. do CPC;
- a circunstância de o demandado provocar a intervenção de terceiros quando aquele possa ter direito de regresso em consequência da procedência, total ou parcial, do pedido do demandante – inspira-se no incidente de intervenção acessória provocada regulado no art. 330.º do CPC.

Como se pode ler na anotação do Anteprojecto de 2010 da APA, pareceu útil admitir – diferentemente do que sucedia com o primitivo Anteprojecto de 2009,–, "com maior amplitude do que a resultante da anterior versão, a intervenção espontânea ou provocada de terceiros em arbitragens em curso, desde que se enquadrassem adequadamente os termos em que pode ter lugar tal intervenção. Na verdade, a previsão de uma bem disciplinada intervenção de terceiro em arbitragens em curso permite aumentar a eficácia da arbitragem como método de resolução de litígios que envolvam mais partes do que aquelas que iniciaram o processo arbitral (sendo, por vezes, condição *sine qua non* dessa eficácia, como acontecerá nas situações de litisconsórcio necessário)".

A lei impõe requisitos que devem ser imperativamente observados, nomeadamente o de vinculação das partes originárias e dos terceiros à convenção de arbitragem, de forma a que o tribunal arbitral tenha jurisdição em relação às partes originárias e aos intervenientes (cfr. n.º 1 deste artigo). Em segundo lugar e como se põe em destaque na anotação da APA citada, tem de se atender "aos inconvenientes que a intervenção de terceiros pode criar num processo arbitral em andamento, enunciadas, a título exemplificativo" no n.º 2. Mas mesmo que se verifiquem tais razões ponderosas, o tribunal arbitral não deve admitir a intervenção se esta perturbar indevidamente o normal andamento do processo arbitral.

Nº 4. Estabelece que o disposto nos n⁰ˢ 1 a 3 vale, com as necessárias adaptações, quando esteja em causa um pedido reconvencional e em que o réu reconvinte é o autor relativamente a tal pedido. Trata-se de um preceito que, em rigor, não era necessário, atendendo em que no pedido reconvencional o réu passa a autor, devendo aplicar-se o estatuto deste.

Nº 5. Uma vez admitida a intervenção, manda-se aplicar o art. 33.º da LAV, com as necessárias adaptações. Tal significa que o interveniente tem direito a um articulado para expor a sua pretensão e os factos que a justificam, existindo, claro, contraditório por parte de quem tem legitimidade para se opor a tal pretensão.

Nº 6. Sem prejuízo do que as partes tiverem estipulado a esse respeito, só se admite a intervenção de terceiros antes de constituído o tribunal arbitral se se tratar de arbitragem institucionalizada e desde que esteja assegurada pelo respectivo regulamento a observância do princípio de igualdade de participação de todas as partes, incluindo os membros das partes plurais, na escolha dos árbitros. O n.º 4 do art. 25.º do Regulamento de Arbitragem da ACL/CCIP estabelece que, no caso de intervenção provocada anterior à constituição do tribunal arbitral, fica sem efeito a nomeação do árbitro que tenha sido efectuada pela parte que requereu a intervenção, fixando o Presidente do Centro prazo para que a parte que requereu a intervenção e os intervenientes designem, em conjunto, árbitro; se as partes não chegarem a acordo quanto à designação de árbitro, aplicar-se-á o disposto nos n⁰ˢ 2 e 3 do art. 8.º [20].

N.º 7. Prevê a derrogabilidade das normas anteriores pelas partes na convenção de arbitragem, podendo por elas ser regulada em termos diferentes a intervenção de terceiros em arbitragens em curso. O carácter supletivo dos números anteriores permite não só a regulamentação directa em termos diversos da intervenção de terceiros, com observância do princípio da igualdade de participação de todas as partes na escolha dos árbitros, como também a remissão da convenção para um regulamento de arbitragem institucionalizada que admita essa intervenção.

A Proposta de Lei n.º 48/XI não contemplava as situações reguladas nos n⁰ˢ 6 e 7 deste artigo e estabelecia no seu n.º 5 que, sendo admitida a intervenção de terceiro em conformidade com o disposto nos números anteriores, "a sentença proferida faz caso julgado em relação ao interveniente ainda que este não intervenha no processo

---

[20] Estes números reflectem a orientação dos legisladores mais recentes após o Acórdão Dutco da Cassação francesa (1992) e prevêem que, não havendo acordo das partes plurais para a escolha de árbitro, esta será feita pelo Presidente do Centro, podendo este, se o considerar justificado, nomear o árbitro cuja designação caberia a outra parte, pertencendo-lhe também, se o fizer, a imediata designação do terceiro árbitro– cfr. o art. 11.º, nos 2 e 3, da LAV, que consagram idêntica solução. As normas deste regulamento referidas estão em consonância com o estabelecido neste n.º 6.

arbitral". Esta regra não consta do artigo em anotação, por resultar do n.º 7 do art. 42.º da LAV. No caso de intervenção "acessória" prevista na alínea d) do n.º 3 deste artigo, o caso julgado quanto ao chamado só abrange as questões de que dependa o direito de regresso da parte primitiva que procedeu ao chamamento (pode aplicar-se por analogia a regra do n.º 4 do art. 332.º do CPC).

ARM

Artigo 37.º – Perito nomeado pelo tribunal arbitral

1 – Salvo convenção das partes em contrário, o tribunal arbitral, por sua iniciativa ou a pedido das partes, pode nomear um ou mais peritos para elaborarem um relatório, escrito ou oral, sobre pontos específicos a determinar pelo tribunal arbitral.

2 – No caso previsto no número anterior, o tribunal arbitral pode pedir a qualquer das partes que forneça ao perito qualquer informação relevante ou que apresente ou faculte acesso a quaisquer documentos ou outros objectos relevantes para serem inspeccionados.

3 – Salvo convenção das partes em contrário, se uma destas o solicitar ou se o tribunal arbitral o julgar necessário, o perito, após a apresentação do seu relatório, participa numa audiência em que o tribunal arbitral e as partes têm a oportunidade de o interrogar.

4 – O preceituado no artigo 13.º e nos n.ºs 2 e 3 do artigo 14.º, aplica-se, com as necessárias adaptações, aos peritos designados pelo tribunal arbitral.

ANOTAÇÃO:
A fonte deste artigo é o art. 26 da Lei-Modelo.
Nº 1. Sem prejuízo de convenção das partes em contrário, o tribunal arbitral pode, oficiosamente ou a requerimento de ambas as partes ou de uma delas, nomear um ou mais peritos para elaborarem um relatório, escrito ou oral, sobre pontos específicos dos temas probatórios. Tais pontos específicos serão determinados pelo tribunal, em regra a partir do solicitado pelas partes quando sejam estas a requerer a perícia.
Nº 2. Para os peritos desempenharem a sua missão é, em regra, necessário o acesso a documentos ou informações relevantes das partes. O tribunal pode por isso solicitar a qualquer das partes que forneça os documentos em seu poder ou permita o acesso às respectivas instalações para fins de inspecção de máquinas, equipamentos ou outros objectos existentes ou guardados em tais instalações ou preste informações relevantes.
Nº 3. Sem prejuízo de convenção das partes em sentido contrário, prevê este número que o tribunal determine, oficiosamente ou a requerimento de uma das partes, a comparência do ou dos peritos em audiência, após a apresentação do seu

relatório, para esclarecerem as dúvidas ou objecções das partes. Têm, assim, estas – tal como o tribunal arbitral – a oportunidade de interrogar o(s) autor(es) do relatório pericial, Não foi acolhida expressamente a solução constante da parte final do art. 26 (2), da Lei-Modelo, que prevê que as partes podem fazer intervir, na qualidade de testemunhas (testemunhas-peritos), outros peritos que deponham sobre as questões em análise na presença dos peritos nomeados pelo tribunal. Mas esse acolhimento expresso é desnecessário visto que as testemunhas-peritos são peça cada vez mais essencial da justiça arbitral, bem mais adequadas aos fins pretendidos de que a complexa criação de comissões periciais tripartidas.

Nº 4. Manda este preceito aplicar aos peritos, com as necessárias adaptações, o disposto no art. 13.º e nºs 2 e 3 do art. 14.º da LAV sobre os fundamentos de recusa dos árbitros e processo de recusa. Os técnicos deverão, logo que convidados para exercer as funções periciais, revelar todas as circunstâncias que possam suscitar fundadas dúvidas sobre a sua imparcialidade e independência.

ARM

Artigo 38.º – Solicitação aos tribunais estaduais na obtenção de provas

1 – Quando a prova a produzir dependa da vontade de uma das partes ou de terceiros e estes recusem a sua colaboração, uma parte, com a prévia autorização do tribunal arbitral, pode solicitar ao tribunal estadual competente que a prova seja produzida perante ele, sendo os seus resultados remetidos ao tribunal arbitral.

2 – O disposto no número anterior é aplicável às solicitações de produção de prova que sejam dirigidas a um tribunal estadual português, no âmbito de arbitragens localizadas no estrangeiro.

ANOTAÇÃO:
A fonte deste artigo é o art. 27 da Lei-Modelo. O Anteprojecto da APA de 2010 tinha uma epígrafe diferente e mais correcta do que a acolhida pela Lei, a saber "assistência dos tribunais estaduais na obtenção de provas".

Nº 1. Como decorre do art. 19.º da LAV, nas matérias nela reguladas, os tribunais estaduais só podem intervir nos casos em que esta Lei o prevê. Um dos casos é precisamente o deste número. Tal como estava previsto no art. 18.º, n.º 2, da LAV 1986, pode qualquer parte, com a prévia autorização do tribunal arbitral, solicitar a intervenção do tribunal estadual para que a prova dependente da vontade de uma das partes ou de terceiros seja produzida perante o juiz estadual, por haver recusa da colaboração da parte ou desses terceiros. Na terminologia francesa, o tribunal estadual é então o "tribunal de apoio" ao processo arbitral, dada a falta de *ius imperii* dos árbitros. O tribunal estadual competente é o tribunal judicial da 1.ª instância ou o tribunal administrativo de círculo – consoante a natureza do litígio que constitui objecto do processo arbitral onde ocorreu a falta de colaboração de uma parte ou de terceiros – em cuja circunscrição se situe o lugar de arbitragem (art. 59.º, n.º 4, da LAV). Uma vez produzida a prova, os seus resultados devem ser remetidos ao tribunal arbitral: poderá trata-se do registo escrito ou gravado do depoimento de uma parte, testemunha ou perito, ou da obtenção de um documento na posse da parte ou de terceiros.

O art. 27 da Lei-Modelo admite que o tribunal arbitral possa, em alternativa à solicitação da parte com a aprovação do mesmo tribunal, solicitar directa e oficiosamente a assistência do tribunal estadual na obtenção de provas. Nessa disposição esclarece-se que a intervenção do tribunal estadual relativa a estas solicitações é feita de acordo com as suas próprias regras respeitantes à obtenção de prova. Embora a LAV não contenha norma expressa semelhante, pode entender-se que, no silêncio da LAV, a intervenção do tribunal estadual é disciplinada segundo as respectivas normas processuais adjectivas.

N.º 2. Determina que o número anterior é aplicável às solicitações de produção de prova dirigidas a um tribunal estadual, no âmbito de arbitragens localizadas no estrangeiro e que não estão, por isso, submetidas à lei portuguesa de arbitragem (cfr. art. 61.º da LAV).

ARM

CAPÍTULO VI – Da sentença arbitral e encerramento do processo

Artigo 39º – Direito aplicável, recurso à equidade; irrecorribilidade da decisão

1 – Os árbitros julgam segundo o direito constituído, a menos que as partes determinem, por acordo, que julguem segundo a equidade.

2 – Se o acordo das partes quanto ao julgamento segundo a equidade for posterior à aceitação do primeiro árbitro, a sua eficácia depende de aceitação por parte do tribunal arbitral.

3 – No caso de as partes lhe terem confiado essa missão, o tribunal pode decidir o litígio por apelo à composição das partes na base do equilíbrio dos interesses em jogo.

4 – A sentença que se pronuncie sobre o fundo da causa ou que, sem conhecer deste, ponha termo ao processo arbitral, só é susceptível de recurso para o tribunal estadual competente no caso de as partes terem expressamente previsto tal possibilidade na convenção de arbitragem e desde que a causa não haja sido decidida segundo a equidade ou mediante composição amigável.

ANOTAÇÃO:

Nº 1 – As fontes desta norma são a LAV 1986 (artigo 22º e 29º), a Lei Francesa (art. 1478) e a Lei Espanhola (art. 34º nº 1 e 2). A regra de que o tribunal arbitral julga segundo o direito constituído, salvo opção das partes pela equidade, consta já do artigo 22º da LAV 1986, tendo-se deixado de exigir que tal opção das partes conste de convenção de arbitragem ou ocorra antes da aceitação do primeiro árbitro, pois não há razões válidas que devam impedir as partes de, em fase adiantada de litígio, optar pela equidade, havendo apenas que acautelar o acordo dos árbitros, o que agora se exige no nº 2.

Embora tal não resulte directamente da lei, poderão as partes, por identidade de razão, acordar ulteriormente em submeter o diferendo a outras regras de direito constituído, ao abrigo do artigo 52º, sendo também necessário exigir o acordo dos árbitros a tal alteração, se a mesma ocorrer depois de aceitação do primeiro árbitro.

Nº 2 – A fonte é a LAV 1986 (artigo 35º). Face à flexibilidade que, de forma manifesta, se passou a prever quanto ao momento em que as partes podem deliberar sobre o direito aplicável, houve que garantir que os árbitros não sejam constrangidos a decidir o litígio em condições diversas daquelas que existiram quando aceitaram o seu mandato. A aceitação, no entanto, depende de deliberação do tribunal arbitral e não da vontade de cada árbitro, pelo que pode ser tomada maioritariamente, ou seja, contra a vontade de um dos árbitros, devendo entender-se que o árbitro discordante deverá ter o direito de renunciar ao mandato, retirando-se do Tribunal, por se haverem alterado os pressupostos da sua aceitação do cargo.

Nº 3 – Esta disposição tem por origem o artigo 35º da LAV 1986 que, na linha de orientação seguida pela Lei Francesa (actualmente artigo 1478) prevê o recurso à composição amigável, como solução distinta do julgamento segundo a equidade. Embora seja controvertido na doutrina o critério de distinção entre equidade e composição amigável, a nova lei procurou não restringir o leque de alternativas abertas às partes, mesmo para além do âmbito originário da arbitragem internacional. Na doutrina portuguesa tem-se discutido se existe um só conceito de equidade, havendo autores que falam de equidade em sentido forte e em sentido fraco, sendo controvertido se a composição amigável confere ao tribunal maior amplitude de decisão do que a equidade.

Nº 4 – A LAV inverte o regime supletivo que constava da LAV 1986, passando a consagrar como regra a irrecorribilidade das decisões arbitrais que ponham termo ao litígio ou a parte dele, à semelhança da generalidade dos ordenamentos jurídicos que adoptaram como padrão a Lei-Modelo.

Admite-se o recurso para os tribunais estaduais apenas no caso de as partes o terem convencionado expressamente, mas proíbe-se tal recurso, em qualquer caso, se o tribunal arbitral dever julgar segundo a equidade ou mediante composição amigável, já que os tribunais estaduais não estão vocacionados para tais tipos de julgamento. Consequentemente, será ineficaz a convenção das partes que nestes casos preveja o recurso para os tribunais estaduais.

No caso de processos que tenham por origem convenções de arbitragem celebrados antes da entrada em vigor da nova lei, por força das quais a decisão arbitral seria recorrível, é salvaguardado o direito ao recurso nos termos da disposição transitória constante do artigo 4º nº 3 da lei que aprovou a LAV.

Embora o preceito apenas se refira às decisões finais, o mesmo regime-regra de irrecorribilidade para tribunais estaduais aplica-se também às decisões interlocutárias dos tribunais arbitrais, às decisões sobre providências cautelares e às sentenças parciais. Note-se que está prevista na LAV uma impugnação ou recurso da decisão dos árbitros sobre a sua competência (art. 18 n.º 9).

O preceito esclarece, por outro lado, que o regime da irrecorribilidade se aplica, quer às decisões de fundo, quer às decisões sobre questões processuais, nomeadamente às que extingam o processo por falta dos necessários pressupostos processuais.

Deve notar-se que podem ser interpostos das sentenças arbitrais recursos para o Tribunal Constitucional, nos termos da legislação deste Tribunal, embora a experiência demonstre que serão muito raros os casos em que num tribunal arbitral experimentado se verifiquem os pressupostos desse recurso.

José Robin de Andrade (RA)

Artigo 40º – Decisão tomada por vários árbitros

1 – Num processo arbitral com mais de um árbitro, qualquer decisão do tribunal arbitral é tomada pela maioria dos seus membros. Se não puder formar-se maioria, a sentença é proferida pelo presidente do tribunal.

2 – Se um árbitro se recusar a tomar parte na votação da decisão, os outros árbitros podem proferir sentença sem ele, a menos que as partes tenham convencionado de modo diferente. As partes são subsequentemente informadas da recusa de participação desse árbitro na votação.

3 – As questões respeitantes à ordenação, à tramitação ou ao impulso processual poderão ser decididas apenas pelo árbitro presidente, se as partes ou os outros membros do tribunal arbitral lhe tiverem dado autorização para o efeito.

ANOTAÇÃO:

Nº 1 – A regra geral da tomada de decisão por maioria, no caso de tribunal arbitral composto por mais que um árbitro, consta da LAV 1986 (artigo 20º), da generalidade das leis arbitrais e da Lei-Modelo (artigo 29), embora nesta última se preveja também que tal regra possa ser derrogada pelas partes na convenção de arbitragem. A maioria exigida é a maioria simples, pois não se refere expressamente a necessidade de maioria absoluta; assim e por exemplo, no caso de um tribunal de 5 árbitros, o voto convergente de 2 árbitros, quando os demais não sejam convergentes entre si, é o bastante para formar a decisão.

A LAV não prevê que as partes possam adoptar regra diversa para a tomada de decisões, pelo que a norma deve considerar-se imperativa, sendo inválida a exigência pelas partes, de unanimidade ou de maiorias qualificadas para se poder tomar decisões.

A segunda parte deste número estabelece a regra subsidiária a observar quando a regra geral da primeira parte não permita que se forme uma decisão. Esta situação pode ocorrer, designadamente, no caso de cada árbitro adoptar uma posição diversa relativamente ao *quantum* da condenação – caso este que a LAV 1986 já previa no artigo 20º nº 2 – mas pode também verificar-se sempre que no colégio arbitral não haja duas posições coincidentes. Em qualquer dos casos, a lei pretende garantir que se possa formar uma decisão arbitral, evitando a eventual necessidade de soluções compromissórias para se conseguir um consenso pelo menos maioritário. Por isso se prevê a regra subsidiária da decisão pelo presidente, independentemente de as partes nisso haverem acordado. Não se trata de um voto de qualidade ou de desempate, pois a posição do presidente pode não ser coincidente com a de nenhum dos outros árbitros. E a regra subsidiária deve aplicar-se analogicamente sempre que a regra geral do nº 1, ou a que houver sido acordada pelas partes, não permita a formação de uma decisão. Dado que é manifesto o interesse da lei em que possa ser tomada uma decisão no processo arbitral, consideramos imperativa e inderrogável pelas partes a regra subsidiária constante da segunda parte deste número.

Nº 2 – As fontes são a Lei Sueca (artigo 30º nº 2), a Lei Suíça de DIP (art. 189º nº 2), a Lei Espanhola (artigo 35º nº 1) e a Lei Alemã (§ 1052 (2)) embora, ao contrário desta última, não se exija que as partes sejam previamente informadas do propósito de o Tribunal tomar uma decisão sem o concurso de um dos árbitros. O objetivo da lei é assegurar a transparência e reforçar as garantias do "due process". A recusa de participação na votação é diversa da recusa de assinatura, e por isso é regulada separadamente.

Nº 3 – Seguindo a orientação preconizada pela Lei-Modelo (artigo 29º) e na Lei Alemã (§ 1052 nº 2), esta disposição – por razões de eficiência processual – permite que o árbitro presidente seja autorizado pelas partes ou pelos co-árbitros para conduzir o processo, decidindo questões de ordenação, tramitação e impulso processual. Dependendo essa competência de autorização, trata-se de uma competência delegada.

Na falta de autorização das partes ou dos co-árbitros, tais questões cabem exclusivamente à competência do tribunal arbitral. Essa autorização é, por outro lado, revogável a qualquer momento, seja pelas partes, seja pelos co-árbitros, pois a competência jurisdicional pertence ao tribunal e não pode ser alienada, mas apenas delegada no árbitro presidente.

RA

Artigo 41º – Transacção

1 – Se, no decurso do processo arbitral, as partes terminarem o litígio mediante transacção, o tribunal arbitral deve pôr fim ao processo e, se as partes lho solicitarem, dá a tal transacção a forma de sentença proferida nos termos acordados pelas partes, a menos que o conteúdo de tal transacção infrinja algum princípio de ordem pública.

2 – Uma sentença proferida nos termos acordados pelas partes deve ser elaborada em conformidade com o disposto no artigo 42.º e mencionar o facto de ter a natureza de sentença, tendo os mesmos efeitos que qualquer outra sentença proferida sobre o fundo da causa.

ANOTAÇÃO:

Nºs 1 e 2. Esta disposição contempla, na linha preconizada pelo artigo 30 (1) da Lei-Modelo, pela Lei Alemã (§ 1053 (1)) e pela Lei Espanhola, (artigo 36º (1) e (2)), duas situações claramente distintas: a transacção das partes que põe termo ao litígio e é comunicada ao tribunal, e a transacção entre as partes que é submetida pelas partes a homologação do tribunal e que, uma vez homologada, põe termo ao litígio.

No primeiro caso, o tribunal arbitral limita-se a constatar a transacção como facto jurídico que faz cessar o pacto ou a convenção que lhe atribui jurisdição, e em consequência põe fim ao processo, sem ter que homologar a transacção das partes nem examinar o seu conteúdo.

No segundo caso, o tribunal arbitral reforça com uma sentença homologatória a transacção das partes, pelo que nessa situação o fim do litígio resulta, não do acordo, mas da própria sentença.

Assim, só no segundo caso haverá uma sentença que forme caso julgado, constitua título executivo, e só nesse caso haverá uma sentença que pode ser objecto de pedido de anulação.

O nº 2 do artigo 41º pretende que fique claro formalmente que a sentença homologatória é uma verdadeira sentença e submete-a aos requisitos do artigo 42º, dispensando-a, no entanto, o n.º 3 de fundamentação.

Precisamente porque a sentença homologatória de transacção é uma verdadeira sentença, o tribunal arbitral não é obrigado a homologar toda e qualquer transacção, e até não a deve homologar se a mesma infringir algum princípio de ordem pública.

Tendo em conta que a violação de ordem pública apenas constitui fundamento de anulação de sentença arbitral quando se trate de ordem pública internacional (artigo 46º nº 3 alínea b)) parece-nos que, por identidade de razão e interpretação sistemática, os princípios de ordem pública aqui referidos são unicamente os de ordem pública internacional.

RA

Artigo 42º – Forma, conteúdo e eficácia da sentença

1 – A sentença deve ser reduzida a escrito e assinada pelo árbitro ou árbitros. Em processo arbitral com mais de um árbitro, são suficientes as assinaturas da maioria dos membros do tribunal arbitral ou só a do presidente, caso por este deva ser proferida a sentença, desde que seja mencionada na sentença a razão da omissão das restantes assinaturas.

2 – Salvo convenção das partes em contrário, os árbitros podem decidir o fundo da causa através de uma única sentença ou de tantas sentenças parciais quantas entendam necessárias.

3 – A sentença deve ser fundamentada, salvo se as partes tiverem dispensado tal exigência ou se trate de sentença proferida com base em acordo das partes, nos termos do artigo 41.º

4 – A sentença deve mencionar a data em que foi proferida, bem como o lugar da arbitragem, determinado em conformidade com o n.º 1 do artigo 31.º, considerando-se, para todos os efeitos, que a sentença foi proferida nesse lugar.

5 – A menos que as partes hajam convencionado de outro modo, da sentença deve constar a repartição pelas partes dos encargos directamente resultantes do processo arbitral. Os árbitros podem ainda decidir na sentença, se o entenderem justo e adequado, que uma ou algumas das partes compense a outra ou outras pela totalidade ou parte dos custos e despesas razoáveis que demonstrem ter suportado por causa da sua intervenção na arbitragem.

6 – Proferida a sentença, a mesma é imediatamente notificada através do envio a cada uma das partes de um exemplar assinado pelo árbitro ou árbitros, nos termos do disposto n.º 1 do presente artigo, produzindo efeitos na data dessa notificação, sem prejuízo do disposto no n.º 7.

7 – A sentença arbitral de que não caiba recurso e que já não seja susceptível de alteração no termos do artigo 45.º tem o mesmo carácter obrigatório entre as partes que a sentença de um tribunal estadual transitada em julgado e a mesma força executiva que a sentença de um tribunal estadual.

ANOTAÇÃO:

Nº 1. Esta disposição exige a forma escrita de sentença, como já o impunha o artigo 23º nº 1 da LAV 1986 e o impõe o artigo 31º (1) da Lei-Modelo, assim como a Lei Alemã (§ 1054 (1)) e a Lei Espanhola (art. 37º (1)). A sentença deve ser assinada pelo árbitro ou árbitros; no caso de tribunal arbitral colegial, se todos os árbitros tiverem participado na decisão, todos a devem assinar, mesmo aquele que haja votado em sentido diverso, sem prejuízo naturalmente de o mesmo poder exarar o sentido do seu voto dissidente.

A lei, no entanto, no caso de deliberação por maioria, apenas exige a assinatura dos árbitros que formaram a maioria, e no caso de deliberação pelo presidente, apenas exige a assinatura do presidente. Impõe, no entanto, que se mencione na sentença a razão da omissão das restantes assinaturas, o que confirma a ideia de que "em princípio", todos os árbitros devem assinar a sentença arbitral.

N.º 2 – Esta disposição é inovadora (embora viesse sendo pacificamente aplicado este regime em Portugal) e permite que o tribunal arbitral decida o mérito da causa através de sentenças parciais separadas e sucessivas – aquilo que autores brasileiros designam como "fatiamento do mérito" ou que autores de língua inglesa designam como *bifurcation*. Esta faculdade do tribunal arbitral – que pode ter vantagens, designadamente em termos de eficiência e de custos – fica no entanto condicionada à ausência de convenção em contrário pelas partes.

A disposição tem paralelo na Lei Espanhola (artigo 37.º n.º 4), na Lei Suíça (artigo 188.º), na Lei Sueca (artigo 29.º) e na Lei Inglesa (sect. 47 nrs. 1 e 2). Cada uma das sentenças proferidas está assim sujeita às regras relativas à forma e conteúdo da sentença arbitral, sua rectificação, modificação, anulação e execução, não obstante o processo poder continuar quanto às questões de mérito ainda não decididas.

N.º 3 – A necessidade de fundamentação da sentença consta também da Lei-Modelo (artigo 31 (2)) da Lei Alemã (§ 1054 n.º 2), da Lei Espanhola (artigo 37.º n.º 4) e da Lei Francesa (artigo 1482.º), e constava já do n.º 3 do artigo 23.º da LAV 1986. Não se exige qualquer tipo específico de fundamentação nem se impõe que sejam expressamente considerados todos os argumentos jurídicos invocados pelas partes. A tendência jurisprudencial claramente dominante é no sentido de que o grau de fundamentação exigido seja menor do que é a prática corrente nas sentenças judiciais.

Esta exigência pode no entanto ser dispensada pelas partes e não é aplicável à sentença que homologa a transacção entre as partes, dado que nesta o tribunal se limita a aceitar a resolução do litígio acordada pelas partes. Mesmo quando as partes o dispensem, em arbitragens cuja sentença possa ter de vir a ser executada noutras jurisdições, designadamente no Brasil, é prudente inserir alguma fundamentação para evitar riscos de anulação ou de recusa de *exequatur*.

N.º 4 – A indicação da data e lugar da sentença é um elemento essencial, exigido também pela Lei-Modelo (artigo 31 (3)), Lei Alemã (§ 1054 n.º 2), Lei Espanhola (artigo 37.º n.º 4) e Lei Francesa (artigo 1481.º n.º 4 e 5). O lugar da sentença não é necessariamente o lugar físico em que ocorrer a votação dos árbitros ou mesmo aquele em que historicamente a sentença é assinada: é antes o lugar fixado pelo tribunal como sede da arbitragem, nos termos do artigo 31.º. Esta clarificação é importante sobretudo para arbitragens internacionais em que ocorre com frequência que o lugar formal (*seat*) não coincide com o lugar efetivo (*venue*). Se o lugar constante da sentença for diverso do lugar anteriormente fixado como sede da arbitragem, deve considerar-se que o tribunal modificou a sede de arbitragem, o que poderá, ou não, ser legalmente admissível, e em caso negativo, conduzir à invalidade da sentença.

Nº 5 – Já o artigo 23º nº 4 da LAV 1986 exigia que da decisão constasse a fixação e repartição pelas partes das custas ou encargos com o processo. A decisão sobre custas e encargos fica assim com o valor formal de sentença.

O período final do preceito é inovador em relação ao que constava da LAV 1986 e tem a sua fonte no § 1057 nº 1 da Lei Alemã. A intenção desta norma é permitir ao Tribunal penalizar especialmente a parte que tenha suscitado custos por causa do seu comportamento processual e pode nada ter a ver com a eventual percentagem de decaimento das partes.

Para além das custas do processo, passa o tribunal a poder condenar uma das partes a compensar a outra, pelas despesas em que incorreu com a preparação do processo até à sentença, nelas se incluindo as despesas com advogados, peritos e testemunhas, sempre que tal ressarcimento for pedido. A LAV afasta-se assim claramente da tradição processual portuguesa no que pode ser um elemento relevante para moderar certas estratégias processuais. O Tribunal, na determinação dos custos que considere relevantes, não está condicionado pela informação das partes e deve alocá-los em valores que considerar adequado à realidade do litígio.

Nº 6 – As fontes são a LAV 1986, artigo 23º nº 4 e Lei Alemã (§ 1057 (1)) – Através deste número define-se o momento em que a sentença arbitral ganha eficácia jurídica, fazendo-o coincidir com a notificação. Por outro lado, definiu-se a notificação como o envio ou comunicação a cada uma das partes do exemplar da sentença assinado. O facto relevante é o envio para o endereço indicado no processo arbitral e não a efetiva prova do seu recebimento, que pode até não ocorrer por vontade da parte que recuse a sua receção. No caso de arbitragem institucional, pode a notificação estar sujeita a regulamentação especial, que naturalmente será aplicável, o mesmo devendo suceder se a convenção de arbitragem regular a matéria.

A eficácia jurídica da sentença que surge com a notificação significa o início da produção dos seus efeitos, mas não envolve ainda a totalidade dos efeitos da sentença (ver anotação ao nº 7 infra). De facto, de acordo com o artigo 45º, que é ressalvado expressamente, o primeiro efeito jurídico da sentença é a abertura do prazo para pedidos de reclamação, aclaração e retificação.

Por outro lado é a notificação da sentença que interrompe o prazo para emanação da sentença final fixado na lei, em compromisso arbitral, cláusula arbitral ou por outra forma de acordo das Partes.

Nº 7 – Este número prevê o momento em que a sentença arbitral produz todos os seus efeitos jurídicos como sentença, fazendo-o coincidir com a data a partir da qual a sentença deixa de poder ser objecto de recurso, ou de modificação ou aclaração nos termos do artigo 45º. Por outro lado, equipara os efeitos de caso julgado e força executiva da sentença arbitral plenamente eficaz, aos efeitos da sentença transitada em julgado de tribunal estadual, dando assim execução legislativa à equipa-

CAPÍTULO VI – DA SENTENÇA ARBITRAL E ENCERRAMENTO DO PROCESSO/ARTIGO 43.º

ração dos tribunais arbitrais aos tribunais estaduais consagrada no artigo 209º nº 2 da Constituição. A fonte do preceito é o artigo 26º nº 2 da LAV 1986. A sentença arbitral transitada em julgado apenas fica sujeita aos meios de reacção extraordinários que a lei admite para a sentença estadual transitada em julgado, e ao pedido de anulação regulado no art.º 46 desta lei.

RA

Artigo 43º – Prazo para proferir sentença

1 – Salvo se as partes, até à aceitação do primeiro árbitro, tiverem acordado prazo diferente, os árbitros devem notificar às partes a sentença final proferida sobre o litígio que por elas lhes foi submetido dentro do prazo de 12 meses a contar da data de aceitação do último árbitro.

2 – Os prazos definidos de acordo com o n.º 1 podem ser livremente prorrogados por acordo das partes ou, em alternativa, por decisão do tribunal arbitral, por uma ou mais vezes, por sucessivos períodos de 12 meses, devendo tais prorrogações ser devidamente fundamentadas. Fica, porém, ressalvada a possibilidade de as partes, de comum acordo, se oporem à prorrogação.

3 – A falta de notificação da sentença final dentro do prazo máximo determinado de acordo com os números anteriores do presente artigo, põe automaticamente termo ao processo arbitral, fazendo também extinguir a competência dos árbitros para julgarem o litígio que lhes fora submetido, sem prejuízo de a convenção de arbitragem manter a sua eficácia, nomeadamente para efeito de com base nela ser constituído novo tribunal arbitral e ter início nova arbitragem.

4 – Os árbitros que injustificadamente obstarem a que a decisão seja proferida dentro do prazo fixado respondem pelos danos causados.

ANOTAÇÃO:
Nº 1 e 2 – Foi alargado para 12 meses o prazo supletivo para a decisão arbitral, que a LAV 1986 fixava em 6 meses, por se reconhecer que na generalidade dos casos tal prazo se revelava irrealista e demasiado exíguo, tendo em conta o tempo reservado para os articulados e para a (eventual) condensação, e o tempo normalmente consumido pela produção de prova pericial e testemunhal. Por outro lado passou-se a permitir, não só às partes, como ao tribunal arbitral, a prorrogação do prazo por períodos sucessivos de 12 meses, desde que, no caso do tribunal, a deliberação seja fundamentada. Simultaneamente criou-se um mecanismo de salvaguarda contra eventuais excessos, permitindo às partes, de comum acordo, opor-se à prorrogação. Por outro lado, passou a ficar ao dispor da parte que se julgue lesada por uma demora excessiva, o pedido de destituição do árbitro que não actue com a diligência exigível, ao abrigo do artigo 15º nº 3 desta lei.

O prazo para a decisão arbitral considera-se cumprido se até ao seu termo, a decisão arbitral que ponha termo ao litígio, for proferida e notificada às partes, ao abrigo do artigo 42º nº 4, ainda que sujeita a ulterior aclaração ou modificação.

Nº 3 – Esta disposição representa uma completa mudança de regime relativamente à LAV 1986 (artigo 4º nº 1 alínea c)), há muito reclamada pela doutrina nacional.

A caducidade do prazo para a decisão arbitral sem que a mesma seja proferida e notificada às partes, extingue o processo e o poder jurisdicional dos árbitros, mas não devolve o litígio para os tribunais estaduais: limita-se a reabrir o processo com vista à constituição de novo tribunal arbitral, tendo início nova arbitragem. Esta é a solução unanimemente perfilhada no direito comparado de arbitragem.

Nº 4 – Esta disposição, baseada no artigo 19º nº 5 da LAV 1986, complementa o regime geral de responsabilidade civil dos árbitros por decisões tomadas do artigo 9º nº 4, imputando-lhes responsabilidade civil por omissão de decisão no prazo legal, devida a negligência. A responsabilidade será naturalmente individual, pelo que se um tribunal arbitral não cumprir o prazo, devido exclusivamente à inacção de um ou mais árbitros, o árbitro diligente não será obviamente responsável.

Por outro lado, e de acordo com os princípios gerais, se houver justificação do atraso que impediu os árbitros de deliberar fundamentadamente a prorrogação do prazo, ou se não houver culpa, não haverá responsabilidade civil por danos causados pelo atraso.

RA

Artigo 44º – Encerramento do processo

1 – O processo arbitral termina quando for proferida a sentença final ou quando for ordenado o encerramento do processo pelo tribunal arbitral, nos termos do n.º 2 do presente artigo.

2 – O tribunal arbitral ordena o encerramento do processo arbitral quando:

a) O demandante desista do seu pedido, a menos que o demandado a tal se oponha e o tribunal arbitral reconheça que este tem um interesse legítimo em que o litígio seja definitivamente resolvido;

b) As partes concordem em encerrar o processo;

c) O tribunal arbitral verifique que a prossecução do processo se tornou, por qualquer outra razão, inútil ou impossível.

3 – As funções do tribunal arbitral cessam com o encerramento do processo arbitral, sem prejuízo do disposto no artigo 45.º e no n.º 8 do artigo 46.º

4 – Salvo se as partes tiverem acordado de modo diferente, o presidente do tribunal arbitral deve conservar o original do processo arbitral durante um prazo mínimo de dois anos e o original da sentença arbitral durante um prazo mínimo de cinco anos.

CAPÍTULO VI - DA SENTENÇA ARBITRAL E ENCERRAMENTO DO PROCESSO/ARTIGO 44.º

ANOTAÇÃO:

Nº 1. As fontes são a Lei-Modelo, art. 19 (5); Lei Alemã (§ 1056 (1)) e a Lei Espanhola (artigo 38º nº 1). A primeira causa de encerramento do processo é a prolação da sentença final, entendendo-se como tal a notificação às partes da sentença escrita e assinada, pois só então a sentença é juridicamente eficaz. Sentença final significa a sentença que põe termo ao processo resolvendo todas, ou a última, das questões de mérito que o tribunal deva julgar, ou que extinga o processo, por haver razão impeditiva do conhecimento do mérito.

Deve no entanto salientar-se que o encerramento de processo não extingue totalmente o poder jurisdicional dos árbitros, pois o artigo 45º e o artigo 46º nº 8, ressalvados pelo nº 3, mantêm esse poder jurisdicional para certos efeitos limitados.

Nº 2 – O regime aqui estabelecido tem por fonte o artigo 32º (1) da Lei-Modelo, o § 1056 nº 2 da Lei Alemã e o artigo 38º nº 2 da Lei Espanhola.

A desistência tem um só regime, não se distinguindo entre desistência da instância e do pedido. O seu efeito sobre o processo depende da decisão do tribunal, a qual deve atender à oposição do demandado, sempre que a mesma assente no interesse legítimo de obter a resolução definitiva do litígio ou tenha pelo seu lado apresentado pedidos no processo.

O caso previsto na alínea b) determina o encerramento do processo sem que haja decisão final, limitando-se a decisão a constatar a perda de jurisdição do tribunal arbitral, em termos análogos à que é proferida face à transacção das partes não sujeita a homologação.

Os casos regulados pela alínea c) compreendem situações em que ocorre a inutilidade superveniente da lide, ou em que o processo se torne impossível por qualquer razão atendível: por exemplo devido ao falecimento ou extinção de uma das partes, sem sucessão, ou devido à falta de pagamento de preparos fixados como condição para a petição inicial ser recebida.

Nº 3 – Esta disposição prevê a continuação ou extensão do poder jurisdicional dos árbitros para certos efeitos limitados, depois de proferida a sentença final: em primeiro lugar, para decidir pedidos de aclaração, rectificação e liquidação de sentença nos termos dos artigos 45º e 47.º n.º 2; em segundo lugar, para tomar alguma medida que se revele necessária para eliminar os fundamentos da anulação, nos termos do artigo 46º nº 8.

A disposição tem a sua origem no artigo 32º (4) da Lei-Modelo, no § 1054 (4) da Lei Alemã e no artigo 37º (7) da Lei Espanhola.

Nº 4 – Suprime-se o regime regra do depósito nos tribunais estaduais previsto no artigo 24º da LAV 1986, pouco conforme com o principio de confidencialidade, impondo-se ao árbitro presidente a obrigação de conservar o processo e o original da sentença durante um prazo razoável fixado na lei. No entanto as partes podem decidir de modo diverso quanto a tais prazos, na convenção de arbitragem, ou em escrito posterior até à aceitação dos árbitros, ou com o consentimento destes.

RA

Artigo 45º – Rectificação e esclarecimento da sentença; sentença adicional

1 – A menos que as partes tenham convencionado outro prazo para este efeito, nos 30 dias seguintes à recepção da notificação da sentença arbitral, qualquer das partes pode, notificando disso a outra, requerer ao tribunal arbitral, que rectifique, no texto daquela, qualquer erro de cálculo, erro material ou tipográfico ou qualquer erro de natureza idêntica.

2 – No prazo referido no número anterior, qualquer das partes pode, notificando disso a outra, requerer ao tribunal arbitral que esclareça alguma obscuridade ou ambiguidade da sentença ou dos seus fundamentos.

3 – Se o tribunal arbitral considerar o requerimento justificado, faz a rectificação ou o esclarecimento nos 30 dias seguintes à recepção daquele. O esclarecimento faz parte integrante da sentença.

4 – O tribunal arbitral pode também, por sua iniciativa, nos 30 dias seguintes à data da notificação da sentença, rectificar qualquer erro do tipo referido no n.º 1 do presente artigo.

5 – Salvo convenção das partes em contrário, qualquer das partes pode, notificando disso a outra, requerer ao tribunal arbitral, nos 30 dias seguintes à data em que recebeu a notificação da sentença, que profira uma sentença adicional sobre partes do pedido ou dos pedidos apresentados no decurso do processo arbitral, que não hajam sido decididas na sentença. Se julgar justificado tal requerimento, o tribunal profere a sentença adicional nos 60 dias seguintes à sua apresentação.

6 – O tribunal arbitral pode prolongar, se necessário, o prazo de que dispõe para rectificar, esclarecer ou completar a sentença, nos termos dos n.ºs 1, 2 ou 5 do presente artigo, sem prejuízo da observância do prazo máximo fixado de acordo com o artigo 43.º

7 – O disposto no artigo 42.º aplica-se à rectificação e ao esclarecimento da sentença bem como à sentença adicional.

ANOTAÇÃO:

Nº 1, 2 e 3 – Estes três números prevêem, na linha das regras aplicáveis pela generalidade das leis arbitrais e do regime tradicional do processo junto dos tribunais estaduais, o direito de as partes requererem dentro de certo prazo após notificação da sentença (no caso 30 dias) a rectificação de erros de cálculo, erros materiais, erros tipográficos ou outros erros de natureza similar, ou ainda a aclaração da sentença.

O prazo de 30 dias é único e comum para os dois efeitos, pelo que as partes deverão apresentar, dentro desse prazo, quer os pedidos de rectificação, quer o de aclaração, não se abrindo novo prazo dentro de efectuada a aclaração e/ou a rectificação.

Uma vez feita a rectificação ou aclaração, a aclaração faz parte integrante da sentença, e a versão errada é substituída pela versão corrigida.

Nº 4 – Prevê-se, neste número, o poder de o tribunal, "ex officio", proceder a rectificações de erros materiais na sentença, desde que o faça no prazo de 30 dias seguintes à notificação da sentença. Não se abre, face a essa rectificação, qualquer novo prazo para pedidos de aclaração ou rectificação, mas se o tribunal exorbitar dos limites em que se deve conter a operação de aclaração ou rectificação, permanece aberta à parte o direito de requerer a anulação da decisão, se o excesso cometido puder fundamentar a anulação. A tendência internacional vai no sentido de que os tribunais arbitrais sejam muito restritivos no que toca a aceitar rever as sentenças, quer de *motu proprio* quer por iniciativa das partes, fora dos casos comprovadamente justificados por erros materiais, tipográficos ou de cálculo.

Nº 5 – Face a uma decisão arbitral que não tenha decidido a totalidade ou parte de um pedido que devesse ter sido julgado, o legislador, reconhecendo que o remédio da anulação da decisão pode não satisfazer, em termos de eficiência, os interesses em causa, optou por facultar às partes o direito de, no prazo de 30 dias após a notificação da sentença pedirem o completamento da sentença arbitral, devendo o tribunal, se reconhecer o pedido como fundado, decidir as questões em falta no prazo de 60 dias. Trata-se de um regime inovador, que pretende "salvar" a arbitragem e garantir da forma mais eficaz os interesses das partes, tendo como fonte o artigo 33º (3) da Lei-Modelo. Em todo o caso, sobretudo nas arbitragens internacionais, é prudente fazer uma interpretação restritiva desta faculdade, para evitar riscos de se suscitarem questões de imparcialidade dos árbitros. Saliente-se ainda que o Tribunal deve sempre dar à outra parte a possibilidade de se pronunciar, para respeitar o princípio do *due process*.

O legislador aproveitou este regime para resolver a questão da sentença genérica, quando o processo contenha elementos para ser proferida uma decisão líquida. De facto, no artigo 47º, remete-se a liquidação da sentença genérica para o regime do artigo 45º nº 5, o que faz sentido, já que se trata também de um caso em que o tribunal arbitral não julgou "uma parte do pedido" quando o poderia e deveria ter feito.

Nº 6 – Face ao regime de prorrogabilidade do prazo global para decisão final, compreende-se que o legislador tenha adoptado regime análogo para a prorrogação do prazo parcelar para a decisão sobre o pedido de rectificação, aclaração ou completamento da sentença. Ponto é que não tenha ainda decorrido o prazo global para a sentença, pois se tal suceder, o tribunal arbitral perde o poder jurisdicional e deixa de poder responder ao pedido.

Nº 7 – Esta disposição, que tem por fonte o artigo 33º da Lei-Modelo, a Lei Alemã, § 1056 (2) e a Lei Espanhola, artigo 38 (2), é meramente esclarecedora, pois a decisão proferida pelo tribunal arbitral sobre qualquer dos pedidos formulados ao abrigo de qualquer dos números do artigo 45º, ou *ex officio* no caso do nº 1, é uma verdadeira sentença, ainda que integre ou complete a sentensa final, e como tal, sempre deveriam ser observados os regimes fixados no artigo 42º quanto à sua forma, conteúdo e eficácia.

RA

CAPÍTULO VII - Da impugnação da sentença arbitral

Artigo 46º – Pedido de anulação

1 – Salvo se as partes tiverem acordado em sentido diferente, ao abrigo do n.º 4 do artigo 39.º, a impugnação de uma sentença arbitral perante um tribunal estadual só pode revestir a forma de pedido de anulação, nos termos do disposto no presente artigo.

2 – O pedido de anulação da sentença arbitral, que deve ser acompanhado de uma cópia certificada da mesma e, se estiver redigida em língua estrangeira, de uma tradução para português, é apresentado no tribunal estadual competente, observando-se as seguintes regras, sem prejuízo do disposto nos demais números do presente artigo:

a) A prova é oferecida com o requerimento;

b) É citada a parte requerida para se opor ao pedido e oferecer prova;

c) É admitido um articulado de resposta do requerente às eventuais excepções;

d) É em seguida produzida a prova a que houver lugar;

e) Segue-se a tramitação do recurso de apelação, com as necessárias adaptações;

f) A acção de anulação entra, para efeitos de distribuição, na 5.ª espécie.

3 – A sentença arbitral só pode ser anulada pelo tribunal estadual competente se:

a) A parte que faz o pedido demonstrar que:

i) Uma das partes da convenção de arbitragem estava afectada por uma incapacidade; ou que essa convenção não é válida nos termos da lei a que as partes a sujeitaram ou, na falta de qualquer indicação a este respeito, nos termos da presente lei; ou

ii) Houve no processo violação de alguns dos princípios fundamentais referidos no n.º 1 do artigo 30.º com influência decisiva na resolução do litígio; ou

iii) A sentença se pronunciou sobre um litígio não abrangido pela convenção de arbitragem ou contém decisões que ultrapassam o âmbito desta; ou

iv) A composição do tribunal arbitral ou o processo arbitral não foram conformes com a convenção das partes, a menos que esta convenção contrarie uma disposição da presente lei que as partes não possam derrogar ou, na falta de uma tal convenção, que não foram conformes com a presente lei e, em qualquer dos casos, que essa desconformidade teve influência decisiva na resolução do litígio; ou

v) O tribunal arbitral condenou em quantidade superior ou em objecto diverso do pedido, conheceu de questões de que não podia tomar conhecimento ou deixou de pronunciar-se sobre questões que devia apreciar; ou

vi) A sentença foi proferida com violação dos requisitos estabelecidos nos n.ºs 1 e 3 do artigo 42.º; ou

vii) A sentença foi notificada às partes depois de decorrido o prazo máximo para o efeito fixado de acordo com ao artigo 43.º ; ou

b) O tribunal verificar que:

i) O objecto do litígio não é susceptível de ser decidido por arbitragem nos termos do direito português;

ii) O conteúdo da sentença ofende os princípios da ordem pública internacional do Estado português.

4 – Se uma parte, sabendo que não foi respeitada uma das disposições da presente lei que as partes podem derrogar ou uma qualquer condição enunciada na convenção de arbitragem, prosseguir apesar disso a arbitragem sem deduzir oposição de imediato ou, se houver prazo para este efeito, nesse prazo, considera-se que renunciou ao direito de impugnar, com tal fundamento, a sentença arbitral.

5 – Sem prejuízo do disposto no número anterior, o direito de requerer a anulação da sentença arbitral é irrenunciável.

6 – O pedido de anulação só pode ser apresentado no prazo de 60 dias a contar da data em que a parte que pretenda essa anulação recebeu a notificação da sentença ou, se tiver sido feito um requerimento no termos do artigo 45.º, a partir da data em que o tribunal arbitral tomou uma decisão sobre esse requerimento.

7 – Se a parte da sentença relativamente à qual se verifique existir qualquer dos fundamentos de anulação referidos no n.º 3 do presente artigo puder ser dissociada do resto da mesma, é unicamente anulada a parte da sentença atingida por cssc fundamcnto dc anulação.

8 – Quando lhe for pedido que anule uma sentença arbitral, o tribunal estadual competente pode, se o considerar adequado e a pedido de uma das partes, suspender o processo de anulação durante o período de tempo que determinar, em ordem a dar ao tribunal arbitral a possibilidade de retomar o

processo arbitral ou de tomar qualquer outra medida que o tribunal arbitral julgue susceptível de eliminar os fundamentos da anulação.

9 – O tribunal estadual que anule a sentença arbitral não pode conhecer do mérito da questão ou questões por aquela decididas, devendo tais questões, se alguma das partes o pretender, ser submetidas a outro tribunal arbitral para serem por este decididas.

10 – Salvo se as partes tiverem acordado de modo diferente, com a anulação da sentença a convenção de arbitragem volta a produzir efeitos relativamente ao objecto do litígio.

ANOTAÇÃO:

Nº 1 – Ao contrário do regime regra de recorribilidade que vigorava na LAV 1986 excepto para as arbitragens internacionais, a LAV apenas permite a reacção contra a sentença arbitral pela via do "pedido de anulação" dirigido ao tribunal estadual competente, salvo se as partes tiverem acordado recorribilidade da sentença arbitral para os tribunais estaduais. Este é o regime que a Lei-Modelo consagra, no seu artigo 34º (1), vedando a existência de quaisquer outros meios de reacção ou recurso perante tribunais estaduais contra as decisões arbitrais. Esta regra estabelece finalmente na ordem jurídica portuguesa a clara autonomia das decisões arbitrais, em relação à justiça estadual, no que se refere ao mérito substancial da decisão.

O pedido de anulação pode incidir sobre qualquer sentença arbitral, ainda que não ponha termo ao processo, embora o regime esteja concebido fundamentalmente para o pedido de anulação que seja formulado contra uma sentença arbitral final.

Nº 2 – Esta disposição regula o regime do pedido de anulação como forma processual autónoma, enunciando de forma sumária os seus trâmites, evitando a aplicação do processo declarativo ordinário, mas caracterizando-o como acção para efeitos de distribuição.

O nº 2 regula nas alíneas a) a d) o requerimento, a oposição e a resposta do requerente, e cria a fase de prova, determinando em seguida a alínea d) que se segue a tramitação da apelação, com as necessárias adaptações.

A disposição não fixa o prazo para a oposição ao pedido, nem para o articulado de resposta do requerente às eventuais excepções, sendo os trâmites da apelação só aplicáveis à fase subsequente do julgamento, pelo que deverá observar-se o prazo geral supletivo da lei processual, civil ou administrativa, de 10 dias para a apresentação de qualquer destas peças processuais.

Nº 3 – Os fundamentos de anulação que constam destas alíneas a) e b) correspondem substancialmente aos fundamentos de anulação admissíveis face à Lei-Modelo, sendo os fundamentos da alínea a) os que carecem de ser invocados e provados pelas partes (correspondem ao artigo 34º (2) (a) da Lei-Modelo) e os da alínea b) os que o tribunal estadual pode conhecer *ex officio* mesmo sem alegação ou prova pelas partes, (correspondem ao artigo 34º (2) (b) da Lei-Modelo). O fundamento da sub-alínea a) (1) corresponde literalmente ao fundamento da sub-alínea (a) (i) da Lei-Modelo.

O fundamento da sub-alínea (a) (ii) compreende a falta de citação ou de presença do Demandado, referida na sub-alínea (a) (ii) artigo 34º (2) da Lei-Modelo e que corresponde à violação do artigo 30º nº 1 alínea a), mas compreende também os casos de violação dos princípios da igualdade e de oportunidade de as partes fazerem valer os seus direitos e do contraditório (alíneas b) e c) do artigo 30º da LAV). A fonte inspiradora desta disposição é a LAV 1986 que, no artigo 27º nº 1 alínea c), consagra idêntico regime, igualmente condicionado à relevância da violação dos princípios para a resolução do litígio. Não basta assim alegar e provar ter havido um caso concreto de violação de qualquer desses princípios. É necessário demonstrar que se não tivesse ocorrido tal violação, o desfecho do processo poderia ter sido diferente.

A sub-alínea a (iii) tem por fonte a sub-alínea (iii) do artigo 34º (2) da Lei-Modelo. No caso de apenas uma parte das questões decididas exorbitar da matéria sujeita pelas partes a arbitragem, só a decisão que recaia sobre essa parte será anulada. É o regime que dispõe de modo expresso a Lei-Modelo, e que decorre implicitamente da LAV, face ao disposto, em termos gerais, no nº 7 do artigo 46º.

A sub-alínea (iv) é largamente tributária da sub-alínea (iv) do artigo 34º (2) da Lei-Modelo, sancionando a decisão arbitral quando a composição do tribunal ou o processo haja violado uma disposição válida da convenção das partes ou da lei. Mas a LAV acrescenta um requisito que permite mesmo, nessa hipótese, salvar a decisão arbitral: é necessário que a violação detectada haja tido influência decisiva na resolução do litígio.

A sub-alínea (v) da LAV tem por origem o artigo 27º nº 1 e) da LAV 1986: o conhecimento de questões de que não podia ter conhecido, incluindo a pronúncia *ultra-petitum* e a omissão de pronúncia devida, acrescentando-se a pronúncia em quantidade superior ou objecto diverso do pedido. Saliente-se que é por força desta disposição legal que o tribunal arbitral não pode apreciar questões que tenham sido decididas por sentença transitada em julgado; assim, será ao abrigo desta sub-alínea que será anulável a sentença arbitral que violar o caso julgado material.

A sub-alínea (vi) tem por fonte o artigo 27º nº 1 d) da LAV 1986 e visa sancionar faltas formais graves da sentença: a falta das assinaturas devidas e a falta de fundamentação exigível. Este tipo de irregularidades pode no entanto vir ainda a ser sanada, ao abrigo do nº 8 deste artigo ou pode ser irrelevante conforme resulta do disposto no art. 40, nº 2 e 42, nº1.

A sub-alínea (vii) sanciona com a anulabilidade a sentença arbitral que só é proferida e notificada às partes depois de decorrido o prazo para a sua emanação. Embora o prazo possa ser prorrogado pelo tribunal arbitral em certos casos, uma vez esgotado já não é susceptível de prorrogação, caducando automaticamente nesse momento o poder jurisdicional dos árbitros. Isto exige ao Tribunal uma atenção muito especial, até porque pode ocorrer uma situação de responsabilidade do tribunal arbitral perante uma ou todas as partes por ter deixado caducar o prazo.

Os fundamentos de anulação constantes da alínea b) são susceptíveis de ser conhecidos oficiosamente pelo tribunal, e correspondem sensivelmente aos que a LeiModelo consigna na alínea (b) do art. 34 (2). Embora de conhecimento oficioso, a apreciação do tribunal depende da existência da iniciativa processual de uma das partes, pois se não houver um pedido de anulação – ainda que com outro fundamento – o tribunal não poderá anular a decisão arbitral.

Assim, a sub-alínea (i) desta alínea (b) corresponde a idêntica sub-alínea da Lei--Modelo e visa sancionar a decisão arbitral que se tenha ocupado de um litígio não arbitrável à luz da lei portuguesa, ou seja de, um litígio que, face ao artigo 1º da LAV, não possa ser submetido a arbitragem. Se se tratar de matéria que face à LAV 1986 era inarbitrável, e que o passou a ser com a LAV, a decisão arbitral será válida se a arbitragem for iniciada a partir da data de entrada em vigor da LAV, pois nesse caso a LAV já será aplicável.

A sub-alínea (ii) desta alínea b) foi possivelmente o ponto mais polémico do projecto que originou a presente LAV, já que a Direcção da APA sempre propôs que não pudesse ser invocada a violação de ordem pública como fundamento de anulação de sentença arbitral, argumentando com a falta deste fundamento de anulação na LAV 1986 e com o risco de um abuso na invocação deste fundamento de anulabilidade, dada – alguma indeterminação do próprio conceito de ordem pública – levando os tribunais estaduais a entrar por essa via na análise das questões de fundo das sentenças como se de um processo de recurso ou de cassação se tratasse .

Acabou por prevalecer posição contrária, mas atenuando-se de algum modo os riscos apontados pela APA.

Em primeiro lugar, não é a violação de qualquer princípio de ordem pública que pode ser invocado como fundamento do pedido de anulação, mas apenas do núcleo mais restrito daqueles princípios de ordem pública interna que sejam também princípios de ordem pública internacional.

Em segundo lugar, a apreciação da alegada violação de ordem pública internacional não pode envolver um reexame do mérito da sentença, atento o princípio geral que neste sentido fica consagrado no nº 9 do artigo 46º. Essa apreciação terá por isso de se resumir a uma avaliação *prima facie* da sentença e do processo, e de se limitar a casos de aparente ou manifesta contradição com os princípios dessa ordem pública internacional do Estado Português.

A questão pode ser mais complexa em situações de arbitragens internacionais submetidas a uma lei que não a portuguesa e sem qualquer conexão – que não seja o lugar da arbitragem – com a ordem jurídica portuguesa. Mas a restrição à ordem pública internacional e o facto de não ser relevante a ordem pública interna deve bastar para evitar desnecessárias e inconvenientes intromissões do Judiciário português em questões que nada têm realmente a ver com Portugal, pelo que uma prudência dos tribunais estaduais é necessária.

Nº 4. Este preceito consigna um princípio do maior alcance prático, que visa evitar e sancionar comportamentos das partes que violem regras de boa fé: trata-se de fazer presumir a renúncia à impugnação de comportamentos da parte que não são compatíveis com a vontade de obter mais tarde a anulação da sentença. Este princípio consta do artigo 27º nº 2 da LAV 1986 e da Lei Italiana (artigo 829º-III). A solução aumenta também a eficiência dos processos arbitrais e dificulta práticas de tentar a utilização *a posteriori* de questões que na altura oportuna – se tivessem sido invocadas – poderiam ter sido corrigidas.

O nº 5 do artigo 46º tem por origem o artigo 28º nº 1 da LAV 1986 e deve ser compatibilizado com o número anterior, em que se prevê a renúncia implícita à impugnação no caso de violação de regras de convenção arbitral ou regras meramente supletivas de lei. A irrenunciabilidade reporta-se aos momentos anteriores à instauração da acção arbitral, e nomeadamente ao momento da negociação da convenção de arbitragem. É nessa fase que a lei proíbe a renúncia à impugnação de decisões arbitrais.

O nº 6 do artigo 46º fixa em 60 dias o prazo para apresentar o pedido de anulação, contado desde a data de notificação da sentença arbitral (artigo 42º nº 6) ou, no caso de ter havido pedido de rectificação, aclaração, modificação ou liquidação nos termos do artigo 45º, desde a data da notificação da decisão sobre esse pedido, ou, no caso de vários pedidos, da data da última decisão sobre os mesmos. Reconheceu-se que o prazo de um mês previsto na lei 31/86 para o recurso era insuficiente, e optou-se por um prazo idêntico ao da lei francesa e da lei espanhola.

Nº 7. Consagra-se aqui o princípio *utile per inutile non vitiatur* para os vícios da sentença, com o objectivo de salvar a parte da decisão que não esteja contaminada com a causa da invalidade.

Alarga-se assim o âmbito deste princípio, já que a Lei-Modelo o consagra apenas para a sub-alínea (iii) da alínea (c) de 34 (2).

Nº 8: Contém este preceito uma solução inovadora na nossa ordem jurídica, que visa pragmaticamente salvar a sentença arbitral permitindo a sua sanação, seguindo o padrão do artigo 34º (4) da Lei-Modelo.

O tribunal arbitral recupera neste caso o poder jurisdicional, embora por mandato do tribunal estadual, e com o objectivo estrito de eventualmente suprir a irregularidade da sentença ou do processo, que houver sido identificada pelo tribunal estadual, e com observância dos condicionamentos – de prazo e outros – impostos pelo tribunal estadual. Neste caso, se o tribunal arbitral aceder à indicação do tribunal estadual, e proferir uma sentença complementar suprindo a irregularidade, esta sentença fica sujeita a que o tribunal estadual a aceite como suprimento adequado da irregularidade detectada, caso em que a sentença arbitral se tem por modificada mas não se reabre novo prazo para a sua impugnação.

Nº 9. Consagra-se aqui a proibição de o tribunal estadual proceder ao reexame do mérito da sentença arbitral. Conferir ao tribunal estadual o poder de reexaminar o mérito de uma decisão arbitral equivaleria a negar a definitividade da própria decisão arbitral. O tribunal estadual deve analisar os fundamentos dos diversos tipos de pedido de anulação tendo presente esta proibição genérica. À luz desta proibição, o tribunal estadual não poderá por exemplo reavaliar o julgamento dos factos pelo tribunal arbitral e decidir de forma diversa, mesmo que esteja em causa um fundamento de anulação em que o conteúdo da decisão arbitral seja fundamento do pedido de anulação. Por outro lado, e por força do mesmo princípio, o tribunal estadual nunca poderá, depois de anular a totalidade ou parte sentença arbitral, decidir ele próprio todo ou parte do objecto do litígio.

Nº 10. Este preceito, que tem por fonte a Lei Alemã, § 1059 (5), modifica profundamente o regime estabelecido nesta matéria pela LAV 1986, impedindo que a anulação da sentença arbitral leve a uma transferência do litígio para a órbita do tribunal estadual. A vontade das partes, de submeter o litígio a arbitragem, deve ser respeitada mesmo no caso de ser anulada a decisão do primeiro tribunal arbitral constituído para resolver o litígio arbitral, nada justificando que, devido a essa anulabilidade, a convenção de arbitragem deixe de ser respeitada. Nesse caso há que recomeçar tudo de novo, e aplicar a convenção de arbitragem, como se nenhuma arbitragem anterior tivesse ocorrido. Nada impede, por isso, que no novo processo arbitral todos ou alguns dos árbitros voltem a dirimir o litígio.

RA

CAPÍTULO VIII – Da execução da sentença arbitral

Artigo 47.º – Execução da sentença arbitral

1 – A parte que pedir a execução da sentença ao tribunal estadual competente deve fornecer o original daquela ou uma cópia certificada conforme e, se a mesma não estiver redigida em língua portuguesa, uma tradução certificada nesta língua.

2 – No caso de o tribunal arbitral ter proferido sentença de condenação genérica, a sua liquidação faz-se nos termos do n.º 4 do artigo 805.º do CPC, podendo no entanto ser requerida a liquidação ao tribunal arbitral nos termos do n.º 5 do artigo 45.º, caso em que o tribunal arbitral, ouvida a outra parte, e produzida prova, profere decisão complementar, julgando equitativamente dentro dos limites que tiver por provados.

3 – A sentença arbitral pode servir de base à execução ainda que haja sido impugnada mediante pedido de anulação apresentado de acordo com o artigo 46.º, mas o impugnante pode requerer que tal impugnação tenha efeito suspensivo da execução desde que se ofereça para prestar caução, ficando a atribuição desse efeito condicionada à efectiva prestação de caução no prazo

fixado pelo tribunal. Aplica-se neste caso o disposto no n.º 3 do artigo 818.º do CPC.

4 – Para efeito do disposto no número anterior, aplica-se com as necessárias adaptações o disposto nos artigos 692.º-A e 693.º-A do CPC.

ANOTAÇÃO:
Não obstante tratar-se de disposição que não tinha paralelo na LAV, não há aqui inovação de raiz, seguindo-se as orientações que já decorriam da lei de processo civil. Todavia, ao fazerem-se as necessárias remissões no texto da Lei da Arbitragem, afastaram-se algumas incertezas.

Nº 1: Tem como fonte a Lei-Modelo (art. 35 (2)) e pretende garantir ao tribunal que o documento apresentado como título executivo é a sentença arbitral, atribuindo ainda ao requerente o ónus da tradução quando redigida em língua estrangeira. A lei exige para a tradução uma certificação equivalente à exigida para a sentença, devendo aqui respeitar-se os formalismos da lei portuguesa, se não coincidirem com os do país da sede da arbitragem.

Nº 2: Conforme resulta do artigo 45.º n.º5, foi preocupação da LAV evitar o recurso indiscriminado a sentenças arbitrais com condenações genéricas a liquidar em momento posterior, uma vez que em muitos casos mais não eram do de que uma forma de o Tribunal se escusar ao trabalho envolvido na liquidação. A LAV não foi ao ponto de exigir que a liquidação seja sempre feita pelo tribunal arbitral (como em regra acontece nas arbitragens internacionais), mas atribui a qualquer das partes o direito de obter a liquidação desse tribunal arbitral.

Nº 3: Este preceito tem como fonte directa a Lei Espanhola (art. 45, nºs 1, 2 e 3), mas para além de corresponder à solução dominante a nível internacional já decorria da conjugação entre o regime da LAV 1986 e o da execução de sentenças dos tribunais estaduais, quando tais sentenças fossem impugnadas por recurso de apelação.

Nº 4: Remete-se para o regime da prestação de caução na apelação, prevendo-se a cessação do efeito suspensivo caso o pedido de anulação esteja parado por mais de 30 dias por motivo imputável ao impugnante, o direito de resposta do Exequente e os trâmites da definição da caução.

Pedro Metello de Nápoles (PMN)

Artigo 48.º – Fundamentos de oposição à execução

1 – À execução de sentença arbitral pode o executado opor-se com qualquer dos fundamentos de anulação da sentença previstos no n.º 3 do artigo 46.º, desde que, na data em que a oposição for deduzida, um pedido de anulação da sentença arbitral apresentado com esse mesmo fundamento não tenha já sido rejeitado por sentença transitada em julgado.

2 – Não pode ser invocado pelo executado na oposição à execução de sentença arbitral nenhum dos fundamentos previstos na alínea a) do n.º 3 do artigo 46.º, se já tiver decorrido o prazo fixado no n.º 6 do mesmo artigo para a apresentação do pedido de anulação da sentença, sem que nenhuma das partes haja pedido tal anulação.

3 – Não obstante ter decorrido o prazo previsto no n.º 6 do artigo 46.º, o juiz pode conhecer oficiosamente, nos termos do disposto do artigo 820.º do CPC, da causa de anulação prevista na alínea b) do n.º 3 do artigo 46.º da presente lei, devendo, se verificar que a sentença exequenda é inválida por essa causa, rejeitar a execução com tal fundamento.

4 – O disposto no n.º 2 do presente artigo não prejudica a possibilidade de serem deduzidos, na oposição à execução de sentença arbitral, quaisquer dos demais fundamentos previstos para esse efeito na lei de processo aplicável, nos termos e prazos aí previstos.

ANOTAÇÃO:

Nº 1: A fonte desta norma é Lei Alemã (§1060 (2)), embora seja defensável que a mesma já decorria de uma interpretação sistemática adequada do art. 815º do CPC. Mantém-se o regime da possibilidade de impugnação por via directa e/ou através de oposição à execução, mas clarificam-se alguns aspectos fulcrais, nomeadamente que após determinado fundamento ser rejeitado em sede de anulação da sentença, não poderá ser reutilizado em sede de oposição à execução. Daqui decorrerá também que, se na pendência da oposição o fundamento das mesmas for rejeitado no âmbito de um processo de impugnação, essa decisão produzirá também efeitos em sede de oposição.

Nº 2: Este preceito tem paralelo na Lei Alemã (§ 1060 (2)) e vem consagrar solução inversa à que constava do artigo 31º da LAV 1986. Com a nova Lei, esgotado o prazo para impugnar a sentença (com base na alínea a) do n.º 3 do artigo 46.º), esses fundamentos de impugnação deixam de poder ser invocados em oposição à execução.

Nº 3: Este preceito funciona como excepção ao nº2. Com efeito, tratando-se aqui de causas de invalidade da sentença arbitral que são de conhecimento oficioso pelo Juiz, não faria sentido que o decurso do prazo referido no nº2 precludisse a sua relevância como possível fundamento de rejeição da execução.

Nº 4: Esta norma não pretende trazer nada de novo, destinando-se tão só a afastar dúvidas que pudessem existir sobre a matéria.

PMN

CAPÍTULO IX – Da arbitragem internacional

Artigo 49.º – Conceito e regime da arbitragem internacional

1 – Entende-se por arbitragem internacional a que põe em jogo interesses do comércio internacional.

2 – Salvo o disposto no presente capítulo, são aplicáveis à arbitragem internacional, com as devidas adaptações, as disposições da presente lei relativas à arbitragem interna.

ANOTAÇÃO:

Nº 1. Define-se nesta disposição o conceito de *arbitragem internacional* em moldes análogos aos do art. 32.º da LAV 1986, o qual por seu turno se inspirou para este efeito no art. 1492 da Lei Francesa (art. 1504 na redacção dada pela reforma de 2011). De acordo com essa definição, que atende essencialmente ao objecto do litígio, deverão ter-se como internacionais as arbitragens que «põem em jogo interesses do comércio internacional». Esta noção ampla de arbitragem internacional compreende não apenas as arbitragens cujas partes se encontrem estabelecidas em países diferentes, mas também aquelas que – embora apresentem conexões com um só país (*v.g.* por ambas as partes estarem estabelecidas nele e por as obrigações resultantes da relação material litigada deverem ser aí executadas) – versem sobre litígios emergentes de operações económicas que envolvam a circulação de produtos, serviços ou capitais através das fronteiras (designadamente por o respectivo objecto ser um bem transferido ou a transferir por uma das partes de ou para outro país).

Nº 2. A arbitragem internacional constitui, tanto na nova lei portuguesa da arbitragem voluntária como na que a antecedeu, e a exemplo da Lei Francesa, uma categoria especial de arbitragens, sujeita em certos aspectos do seu regime (*maxime* a determinação do Direito aplicável, a admissibilidade e a tramitação dos recursos da sentença arbitral) a regras próprias, que o presente capítulo estabelece. Em tudo o que não se encontra aqui especialmente regulado, aplicam-se à arbitragem internacional, nos termos do n.º 2 deste preceito, as regras comuns da arbitragem.

DMV

Artigo 50.º – Inoponibilidade de excepções baseadas no direito interno de uma parte

Quando a arbitragem seja internacional e uma das partes na convenção de arbitragem seja um Estado, uma organização controlada por um Estado ou uma sociedade por este dominada, essa parte não pode invocar o seu direito interno para contestar a arbitrabilidade do litígio ou a sua capacidade para ser parte na arbitragem, nem para de qualquer outro modo se subtrair às suas obrigações decorrentes daquela convenção.

ANOTAÇÃO:
A arbitrabilidade subjectiva dos litígios de que sejam partes o Estado português e das demais pessoas colectivas públicas nacionais encontra-se genericamente prevista no art. 1.º, n.º 5. Tratando-se de entes estrangeiros, a matéria é em princípio regulada pela respectiva lei pessoal. Consagra-se todavia neste preceito uma restrição à aplicabilidade dessa lei, a qual constitui um corolário do princípio da boa fé: tais entes não podem invocar o seu Direito interno para contestarem a arbitrabilidade do litígio ou a sua capacidade para serem partes numa arbitragem, nem para de qualquer outro modo se subtraírem às obrigações assumidas em virtude de convenções de arbitragem livremente concluídas. O preceito tem como fontes o art. 177, n.º 2, da Lei Suíça DIP e o art. 2, n.º 2, da Lei Espanhola.

DMV

Artigo 51.º – Validade substancial da convenção de arbitragem

1 – Tratando-se de arbitragem internacional, entende-se que a convenção de arbitragem é válida quanto à substância e que o litígio a que ele respeita é susceptível de ser submetido a arbitragem se se cumprirem os requisitos estabelecidos a tal respeito ou pelo direito escolhido pelas partes para reger a convenção de arbitragem ou pelo direito aplicável ao fundo da causa ou pelo direito português.

2 – O tribunal estadual ao qual haja sido pedida a anulação de uma sentença proferida em arbitragem internacional localizada em Portugal, com o fundamento previsto na alínea b) do n.º 3 do artigo 46.º, da presente lei, deve ter em consideração o disposto no número anterior do presente artigo.

ANOTAÇÃO:
Nº 1. Estabelece-se neste preceito uma regra de conflitos que, dando expressão nesta matéria ao princípio do *favor negotii*, submete a validade substancial da convenção de arbitragem, em alternativa, à lei escolhida pelas partes a fim de regê-la, à *lex causae* ou à *lex fori*. Procura-se deste modo tutelar, na máxima extensão possível, a confiança dos interessados na validade e eficácia da convenção. Consagram soluções idênticas a Lei Suíça DIP (art. 178, n.º 2) e a Lei Espanhola (art. 9, n.º 6).

Nº 2. Em virtude do disposto neste número, a conexão alternativa acolhida no n.º 1 opera não apenas quando a validade da convenção de arbitragem for directamente questionada, mas também em sede de impugnação da sentença arbitral proferida com base nela. Assim, sendo requerida a um tribunal estadual a anulação de sentença arbitral proferida numa arbitragem internacional localizada em território nacional, com fundamento em o objecto do litígio não ser susceptível de decisão por arbitragem nos termos do Direito português, deve a convenção ser tida como válida entre nós se o for segundo a lei escolhida pelas partes ou a lei aplicável ao mérito da causa.

DMV

Artigo 52.º – Regras de direito aplicáveis ao fundo da causa
1 – As partes podem designar as regras de direito a aplicar pelos árbitros, se os não tiverem autorizado a julgar segundo a equidade. Qualquer designação da lei ou do sistema jurídico de determinado Estado é considerada, salvo estipulação expressa em contrário, como designando directamente o direito material deste Estado e não as suas normas de conflitos de leis.

2 – Na falta de designação pelas partes, o tribunal arbitral aplica o direito do Estado com o qual o objecto do litígio apresente uma conexão mais estreita.

3 – Em ambos os casos referidos nos números anteriores, o tribunal arbitral deve tomar em consideração as estipulações contratuais das partes e os usos comerciais relevantes.

ANOTAÇÃO:
Nº 1. Consagra-se neste número o *princípio da autonomia da vontade* em Direito Internacional Privado, permitindo-se às partes, na esteira do art. 28 (1), da Lei--Modelo, a escolha das regras de Direito material aplicáveis ao mérito da causa. Acolhem solução idêntica, designadamente, a Lei Suíça DIP (art. 187, n.º 1), a Lei Alemã (§ 1051, n.º 1), a Lei Espanhola (art. 34, n.º 2) e a Lei Francesa (art. 1511). Uma vez que não se impõe às partes a eleição de um único Direito, como sucedia na vigência da LAV 1986 (art. 33.º, n.º 1), podem as regras de Direito escolhidas pelas partes pertencer a diferentes sistemas jurídicos, pelos quais é distribuída a disciplina de diferentes aspectos da relação material litigada (*dépeçage*). O preceito exclui em princípio a relevância do reenvio operado pela lei designada para uma terceira legislação, por ser este o sentido presumível da escolha das partes.

Nº 2. Na falta de *electio iuris*, tem o tribunal de determinar o Direito aplicável ao mérito da causa segundo critérios objectivos. Na LAV 1986, mandava-se aplicar neste caso o «Direito mais apropriado ao litígio» (art. 33.º, n.º 2), o que suscitava a questão de saber qual o critério a observar pelo tribunal a fim de determiná-lo: deveria esse Direito ser o que consagrasse a melhor solução material para o litígio ou antes o que tivesse a *conexão mais estreita* com o respectivo objecto? Optando pela orientação mais consentânea com o espírito do sistema e com a salvaguarda da segurança jurídica nas relações privadas internacionais, o n.º 2 do preceito em anotação acolheu expressamente esta última solução. Outro tanto faz, por exemplo, o § 1051, n.º 2, da Lei Alemã, que manda aplicar na falta de escolha pelas partes o Direito do Estado com o qual o objecto do processo apresente *die engsten Verbindungen*.

Nº 3. Em qualquer caso, determina este preceito que o tribunal arbitral deve tomar em consideração as estipulações contratuais das partes e os usos comerciais relevantes. Esta regra tem paralelo com o disposto no art. 28 (4), da Lei-Modelo, no § 1051, n.º 4, da Lei Alemã e no art. 34, n.º 3, da Lei Espanhola. Na arbitragem comercial internacional, os usos mercantis são atendíveis quando as partes se lhes hajam referido nas respectivas declarações negociais e, mesmo na falta de qualquer menção, como elementos de interpretação e integração dessas declarações. Na determinação dos usos do comércio internacional, podem os tribunais arbitrais recorrer às compilações levadas a cabo por certas instituições, como a Câmara de Comércio Internacional ("CCI"), de que emanam, *v.g.*, as denominadas *Práticas e Usos Uniformes Relativos aos Créditos Documentários* e os *Incotermos*.

DMV

Artigo 53.º – Irrecorribilidade da sentença

Tratando-se de arbitragem internacional, a sentença do tribunal arbitral é irrecorrível, a menos que as partes tenham expressamente acordado a possibilidade de recurso para outro tribunal arbitral e regulado os seus termos.

ANOTAÇÃO:
Tal como na arbitragem interna, a sentença arbitral proferida numa arbitragem internacional é em princípio irrecorrível. Admite-se porém neste preceito, a exemplo do que já dispunha o art. 34.º da LAV 1986, que as partes acordem a possibilidade desse recurso. Este apenas poderá, no entanto, ser interposto para um tribunal arbitral de segunda instância (como aqueles que funcionam em alguns países no âmbito de certas associações comerciais ou profissionais). Requer-se, além disso, que as partes hajam regulado os termos desse recurso, directamente ou por remissão para um regulamento de arbitragem. Procura-se deste modo salvaguardar o mais possível a eficácia da sentença arbitral e a autonomia da arbitragem frente às instituições judiciárias do Estado, preocupações que se revestem de particular importância no comércio internacional.

DMV

Artigo 54.º – Ordem pública internacional

A sentença proferida em Portugal, numa arbitragem internacional em que haja sido aplicado direito não português ao fundo da causa pode ser anulada com os fundamentos previstos no artigo 46.º, e ainda, caso deva ser executada ou produzir outros efeitos em território nacional, se tal conduzir a um resultado manifestamente incompatível com os princípios da ordem pública internacional.

ANOTAÇÃO:
Sendo aplicado ao mérito da causa, numa arbitragem internacional, Direito estrangeiro, religioso ou consuetudinário que conduza a um resultado ofensivo da ordem pública internacional do Estado português (*v.g.* por esse resultado ser lesivo de direitos fundamentais de uma das partes), pode a sentença, nos termos deste preceito, ser anulada pelos tribunais portugueses. Procura-se assim evitar que uma sentença arbitral baseada em Direito não português, mas que haja sido proferida no nosso país (encontrando-se por isso subtraída à exigência de reconhecimento formulada no art. 55.º), possa produzir aqui os seus efeitos quando se mostre atentatória de princípios jurídicos fundamentais do nosso ordenamento. A disposição tem paralelo com o art. 1520, n.º 5, da Lei Francesa, na redacção que lhe foi dada em 2011.

DMV

CAPÍTULO X – Do reconhecimento e execução de sentenças arbitrais estrangeiras

Artigo 55.º – Necessidade do reconhecimento

Sem prejuízo do que é imperativamente preceituado pela Convenção de Nova Iorque de 1958, bem como por outros tratados ou convenções que vinculem o Estado Português, as sentenças proferidas em arbitragens localizadas no estrangeiro só têm eficácia em Portugal, seja qual for a nacionalidade das partes, se forem reconhecidas pelo tribunal estadual português competente, nos termos do disposto no presente capítulo desta lei.

ANOTAÇÃO:
Consagra-se neste preceito o princípio da necessária sujeição das sentenças proferidas em arbitragens localizadas no estrangeiro a um acto formal de reconhecimento por um tribunal português, a fim de que possam produzir em Portugal os seus efeitos próprios enquanto actos jurisdicionais (*maxime* o efeito de caso julgado e o efeito executivo). Esse reconhecimento obedece às regras constantes da presente lei, salvo quando a sentença arbitral se encontre abrangida por tratado ou convenção internacional de que o Estado português seja parte (os quais, em virtude do disposto no art. 8.º, n.º 2, da Constituição, têm primazia sobre o Direito ordinário de fonte interna).

Entre os instrumentos internacionais que se encontram nas referidas condições avulta a Convenção de Nova Iorque, celebrada em Nova Iorque a 10 de Junho de 1958, ratificada pelo Decreto do Presidente da República n.º 52/94, de 8 de Julho. Tendo o Estado português formulado a reserva de reciprocidade admitida pelo n.º 3 do art. 1.º desta Convenção, as respectivas disposições só se aplicam, contudo, entre nós ao reconhecimento e à execução de sentenças arbitrais proferidas no território dos Estados a ela vinculados [21].

Em virtude do exposto, ficam abrangidas pelo disposto nos preceitos constantes deste capítulo, essencialmente, as sentenças arbitrais oriundas de Estados que não ratificaram a Convenção de Nova Iorque e com os quais Portugal não haja celebrado outras convenções internacionais que disciplinem a matéria (entre as quais se contam os acordos de cooperação jurídica e judiciária concluídos com outros países de língua oficial portuguesa). Estes preceitos têm assim, em princípio, um âmbito de aplicação residual. Deve contudo ter-se presente que, em virtude do *princípio do tratamento mais favorável,* consignado no art. VII, n.º 1, da Convenção de Nova Iorque, a aplicabilidade desta não prejudica a invocação pelos interessados das disposições mais favoráveis ao reconhecimento que constem do Direito interno dos Estados contratantes.

O tribunal competente para o reconhecimento é, nos termos do art. 59.º, n.º 1, da presente Lei, a Relação em cujo distrito se situe o domicílio da pessoa contra quem se pretenda fazer valer a sentença arbitral estrangeira.

DMV

Artigo 56.º – Fundamentos de recusa do reconhecimento e execução

1 – O reconhecimento e a execução de uma sentença arbitral proferida numa arbitragem localizada no estrangeiro só podem ser recusados:

a) A pedido da parte contra a qual a sentença for invocada, se essa parte fornecer ao tribunal competente ao qual é pedido o reconhecimento ou a execução a prova de que:

i) Uma das partes da convenção de arbitragem estava afectada por uma incapacidade, ou essa convenção não é válida nos termos da lei a que as partes a sujeitaram ou, na falta de indicação a este respeito, nos termos da lei do país em que a sentença foi proferida; ou

ii) A parte contra a qual a sentença é invocada não foi devidamente informada da designação de um árbitro ou do processo arbitral, ou que, por outro motivo, não lhe foi dada oportunidade de fazer valer os seus direitos; ou

iii) A sentença se pronuncia sobre um litígio não abrangido pela convenção de arbitragem ou contém decisões que ultrapassam os termos desta; contudo, se as disposições da sentença relativas a questões submetidas à arbitragem puderem ser dissociadas das que não tinham sido submetidas à arbitragem, podem reconhecer-se e executar-se unicamente as primeiras; ou

---

[21] Cujo elenco pode ser consultado em http://www.uncitral.org

iv) A constituição do tribunal ou o processo arbitral não foram conformes à convenção das partes ou, na falta de tal convenção, à lei do país onde a arbitragem teve lugar ; ou

v) A sentença ainda não se tornou obrigatória para as partes ou foi anulada ou suspensa por um tribunal do país no qual, ou a abrigo da lei do qual, a sentença foi proferida; ou

b) Se o tribunal verificar que:

i) O objecto do litígio não é susceptível de ser decidido mediante arbitragem, de acordo com o direito português; ou

ii) O reconhecimento ou a execução da sentença conduz a um resultado manifestamente incompatível com a ordem pública internacional do Estado português.

2 – Se um pedido de anulação ou de suspensão de uma sentença tiver sido apresentado num tribunal do país referido na subalínea v) da alínea a) do n.º 1 do presente artigo, o tribunal estadual português ao qual foi pedido o seu reconhecimento e execução pode, se o julgar apropriado, suspender a instância, podendo ainda, a requerimento da parte que pediu esse reconhecimento e execução, ordenar à outra parte que preste caução adequada.

ANOTAÇÃO:

Nº 1. O disposto neste preceito tem correspondência com o art. V da Convenção de Nova Iorque e o art. 36 (1), da Lei-Modelo. Procurou-se nele harmonizar o regime interno do reconhecimento e execução de sentenças arbitrais estrangeiras com esses textos normativos internacionais, sujeitando às mesmas regras os casos em que o reconhecimento e a execução estão submetidos a fontes internacionais e aqueles em que se aplica o Direito nacional. Tal a razão por que se alterou, no art. 2.º do diploma preambular da presente Lei, o art. 1094.º, n.º 1, do CPC, ao qual foram subtraídas as decisões proferidas por árbitros no estrangeiro, e se revogou, no art. 5.º, n.º 3, da mesma Lei, o art. 1097.º desse Código.

Os fundamentos de recusa do reconhecimento enunciados neste preceito têm carácter exaustivo. Exclui-se, além disso, qualquer revisão de mérito da sentença arbitral. No caso dos fundamentos de conhecimento não oficioso, a que se refere a alínea *a)* do n.º 1, o ónus da respectiva prova recai sobre a parte requerida. Entre estes fundamentos destacam-se:

a) *A incapacidade das partes outorgantes da convenção de arbitragem*, a aferir, em princípio, perante a respectiva lei pessoal (cfr. os arts. 31.º e seguintes do Código Civil), e *invalidade da convenção de arbitragem*, a apreciar em face da lei designada nos termos da subalínea *i)* da alínea *a)* deste preceito: a lei escolhida pelas partes e, subsidiariamente, a do país onde foi proferida a sentença arbitral. Na determinação da validade da convenção em razão da arbitrabilidade do litígio há que atender ao disposto na subalínea *i)* da alínea *b)*;

b) *A violação, no processo arbitral, de direitos fundamentais de defesa* da parte contra a qual a sentença é invocada (situação que pode também ser reconduzida à violação da ordem pública internacional do Estado do foro, de que se ocupa a subalínea *ii)* da alínea *b)*, sendo nesse caso susceptível de ser conhecida oficiosamente pelo tribunal);

c) *A incompetência ou excesso de pronúncia* e a *violação de estipulações das partes relativas à sentença arbitral* (v.g. a mediante prolação pelos árbitros de uma sentença segundo a equidade, ou como *amiables compositeurs*, sem que as partes lhes tenham conferido tais poderes);

d) *A irregularidade da constituição do tribunal arbitral ou do processo arbitral*, a aferir nos termos da convenção das partes ou, na falta desta, segundo a lei do país onde teve lugar a arbitragem;

e) *A falta de obrigatoriedade da sentença* ou *a sua anulação ou suspensão no país em que, ou segundo a lei do qual, a sentença foi proferida*. Devem, em princípio, considerar-se obrigatórias para este efeito as sentenças que possam ser executadas segundo a lei daquele país. Mas não parece exigível que a sentença, a fim de ser tida como obrigatória, haja sido objecto de um *exequatur* no país de origem. Aquele requisito pode, além disso, considerar-se preenchido ainda que haja sido interposto recurso contra a sentença arbitral, contanto que este tenha carácter meramente devolutivo.

Além destes fundamentos de recusa do reconhecimento, prevêem-se na alínea *b)* outros, que são de conhecimento oficioso pelo tribunal:

a) *A não arbitrabilidade do objecto do litígio*, a aferir em face do que dispõe o art. 1.º da presente Lei;

b) *A circunstância de o reconhecimento ou a execução da sentença conduzirem a um resultado manifestamente incompatível com a ordem pública internacional do Estado português.* A Lei adopta aqui uma formulação distinta da que consta da Convenção de Nova Iorque e da Lei-Modelo (que se referem nesta matéria à ordem pública *tout court* do Estado do foro), restringindo correspondentemente a possibilidade de recusa do reconhecimento da sentença arbitral estrangeira. Neste ponto, o regime interno pode, assim, revelar-se mais favorável ao reconhecimento do que aquele que resulta do teor literal da Convenção de Nova Iorque.

N.º 2. Este preceito reproduz, no essencial, o art. VI da Convenção de Nova Iorque e o art. 36 (2), da Lei-Modelo. Têm-se em vista nele as situações em que foi intentada no país de origem da sentença arbitral uma acção de anulação ou de suspensão da mesma, que todavia ainda não foi decidida. Tendo em conta que a anulação ou suspensão da sentença nesse país constitui, nos termos da subalínea *v)* da alínea *a)* do n.º

1, fundamento de recusa do reconhecimento, permite-se que o tribunal estadual português ao qual foi pedido esse reconhecimento suspenda a instância até que a questão se encontre resolvida no país de origem da sentença. Neste caso, pode o tribunal português, a requerimento da parte que pediu o reconhecimento, ordenar à outra que preste caução adequada.

DMV

Artigo 57.º – Trâmites do processo de reconhecimento

1 – A parte que pretenda o reconhecimento de sentença arbitral estrangeira, nomeadamente para que esta venha a ser executada em Portugal, deve fornecer o original da sentença devidamente autenticado ou uma cópia devidamente certificada da mesma, bem como o original da convenção de arbitragem ou uma cópia devidamente autenticada da mesma. Se a sentença ou a convenção não estiverem redigidas em português, a parte requerente fornece uma tradução devidamente certificada nesta língua.

2 – Apresentada a petição de reconhecimento, acompanhada dos documentos referidos no número anterior, é a parte contrária citada para, dentro de 15 dias, deduzir a sua oposição.

3 – Findos os articulados e realizadas as diligências que o relator tenha por indispensáveis, é facultado o exame do processo, para alegações, às partes e ao Ministério Público, pelo prazo de 15 dias.

4 – O julgamento faz-se segundo as regras próprias da apelação.

ANOTAÇÃO:

Nº 1. O disposto neste número tem correspondência com o art. IV da Convenção de Nova Iorque e o art. 35.º (2), da Lei-Modelo. Tal como estes preceitos, visa a disposição em apreço facilitar o reconhecimento e a execução da sentença arbitral, reduzindo ao mínimo indispensável os requisitos formais a satisfazer pela parte que pretende obtê-los em Portugal. Esses requisitos resumem-se à apresentação do original autenticado da convenção de arbitragem e da sentença arbitral ou de cópias certificadas das mesmas, bem como de traduções certificadas desses documentos em português, caso não estejam redigidos na nossa língua.

Nº 2 a 4. Os trâmites do processo de reconhecimento prescritos por estes números correspondem, com pequenas adaptações, àqueles que o CPC estabelece nos arts. 1098.º e 1099.º para o processo especial de revisão de sentenças estrangeiras.

DMV

Artigo 58.º – Sentenças estrangeiras sobre litígios de direito administrativo

No reconhecimento da sentença arbitral proferida em arbitragem localizada no estrangeiro e relativa a litígio que, segundo o direito português, esteja compreendido na esfera de jurisdição dos tribunais administrativos, deve observar-se, com as necessárias adaptações ao regime processual específico destes tribunais, o disposto nos artigos 56.º, 57.º e no n.º 2 do artigo 59.º da presente lei.

ANOTAÇÃO:
Este preceito é relativamente claro na sua estatuição, na medida em que determina a aplicação do disposto na LAV relativamente ao reconhecimento de sentença estrangeira relativa a litígio que, segundo o direito português, esteja compreendido na esfera de jurisdição dos tribunais administrativos. A maior dificuldade consiste no preenchimento da sua previsão – isto é, saber quais são os litígios que estejam compreendidos na esfera de jurisdição dos tribunais administrativas e que sejam objecto de sentenças arbitrais estrangeiras.

Nesse âmbito compreendem-se, seguramente, as arbitragens em que estejam envolvidas entidades públicas portuguesas. É hoje pacificamente reconhecido que o Estado e outras pessoas colectivas públicas podem celebrar convenções de arbitragem em que o local de arbitragem seja no estrangeiro – seja arbitragens *ad hoc*, seja arbitragens institucionalizadas.

Nesta matéria, é seguro que será da competência da jurisdição administrativa o reconhecimento de sentenças arbitrais estrangeiras quando estejam em causa cláusulas compromissórias insertas em «contratos de objecto passível de acto administrativo, de contratos especificamente a respeito dos quais existam normas de direito público que regulem aspectos específicos do respectivo regime substantivo, ou de contratos em que pelo menos uma das partes seja uma entidade pública ou um concessionário que actue no âmbito da concessão e que as partes tenham expressamente submetido a um regime substantivo de direito público» – cfr. artigo 4º, número 1, alínea f), do Estatuto dos Tribunais Administrativos e Fiscais.

Também o reconhecimento de sentenças proferidas em arbitragens relativas à responsabilidade das entidades públicas e de sujeitos privados aos quais sejam aplicável o regime da responsabilidade civil extracontratual das entidades públicas – incluindo em arbitragens de investimento – estará compreendida na jurisdição dos tribunais administrativos, nos casos – que não ocorrem nas arbitragens do sistema ICSID – em que deva ter lugar um processo de reconhecimento da sentença arbitral estrangeira.

Está excluído da jurisdição administrativa o reconhecimento de sentenças proferidas contra entidades públicas estrangeiras. Estas, que podem ter lugar quando se pretenda executar uma sentença relativamente a activos localizados em Portugal que sejam detidos por entidades estrangeiras, deverão considerar-se compreendidos na jurisdição dos tribunais comuns.

PSV

CAPÍTULO XI - Dos tribunais estaduais competentes

Artigo 59.º – Dos tribunais estaduais competentes

1 – Relativamente a litígios compreendidos na esfera de jurisdição dos tribunais judiciais, o Tribunal da Relação em cujo distrito se situe o lugar da arbitragem ou, no caso da decisão referida na alínea h) do n.º 1 do presente artigo, o domicílio da pessoa contra quem se pretenda fazer valer a sentença, é competente para decidir sobre:

a) A nomeação de árbitros que não tenham sido nomeados pelas partes ou por terceiros a que aquelas hajam cometido esse encargo, de acordo com o previsto nos n.os 3,4 e 5 do artigo 10.º e no n.º 1 do artigo 11.º;

b) A recusa que haja sido deduzida, ao abrigo do n.º 2 do artigo 14.º, contra um árbitro que a não tenha aceitado, no caso de considerar justificada a recusa;

c) A destituição de um árbitro, requerida ao abrigo do n.º 1 do artigo 15.º;

d) A redução do montante dos honorários ou despesas fixadas pelos árbitros, ao abrigo do n.º 3 do artigo 17.º;

e) O recurso da sentença arbitral, quando este tenha sido convencionado ao abrigo do n.º 4 do artigo 39.º;

f) A impugnação da decisão interlocutória proferida pelo tribunal arbitral sobre a sua própria competência, de acordo com o n.º 9 do artigo 18.º;

g) A impugnação da sentença final proferida pelo tribunal arbitral, de acordo com o artigo 46.º;

h) O reconhecimento de sentença arbitral proferida em arbitragem localizada no estrangeiro.

2 – Relativamente a litígios que, segundo o direito português, estejam compreendidos na esfera da jurisdição dos tribunais administrativos, a competência para decidir sobre matérias referidas nalguma das alíneas do n.º 1 do presente artigo, pertence ao Tribunal Central Administrativo em cuja circunscrição se situe o local da arbitragem ou, no caso da decisão referida na alínea h) do n.º 1, o domicílio da pessoa contra quem se pretende fazer valer a sentença.

3 – A nomeação de árbitros referida na alínea a) do n.º 1 do presente artigo cabe, consoante a natureza do litígio, ao presidente do Tribunal da Relação ou ao presidente do tribunal central administrativo que for territorialmente competente.

4 – Para quaisquer questões ou matérias não abrangidas pelos n.os 1, 2 e 3 do presente artigo e relativamente às quais a presente lei confira competência a um tribunal estadual, são competentes o tribunal judicial de 1.ª instância ou o tribunal administrativo de círculo em cuja circunscrição se situe o local da arbitragem, consoante se trate, respectivamente, de litígios compreendidos na esfera de jurisdição dos tribunais judiciais ou na dos tribunais administrativos.

5 – Relativamente a litígios compreendidos na esfera da jurisdição dos tribunais judiciais, é competente para prestar assistência a arbitragens localizadas no estrangeiro, ao abrigo do artigo 29.º e do n.º 2 do artigo 38.º da presente lei, o tribunal judicial de 1.ª instância em cuja circunscrição deva ser decretada a providência cautelar, segundo as regras de competência territorial contidas no artigo 83.º do CPC, ou em que deva ter lugar a produção de prova solicitada ao abrigo do n.º 2 do artigo 38.º da presente lei.

6 – Tratando-se de litígios compreendidos na esfera da jurisdição dos tribunais administrativos, a assistência a arbitragens localizadas no estrangeiro é prestada pelo tribunal administrativo de círculo territorialmente competente de acordo com o disposto no n.º 5 do presente artigo, aplicado com as adaptações necessárias ao regime dos tribunais administrativos.

7 – Nos processos conducentes às decisões referidas no n.º 1 do presente artigo, o tribunal competente deve observar o disposto nos artigos 46.º, 56.º, 57.º, 58.º e 60.º da presente lei.

8 – Salvo quando na presente lei se preceitue que a decisão do tribunal estadual competente é insusceptível de recurso, das decisões proferidas pelos tribunais referidos nos números anteriores deste artigo, de acordo com o que neles se dispõe, cabe recurso para o tribunal ou tribunais hierarquicamente superiores, sempre que tal recurso seja admissível segundo as normas aplicáveis à recorribilidade das decisões em causa.

9 – A execução da sentença arbitral proferida em Portugal corre no tribunal estadual de 1.ª instância competente, nos termos da lei de processo aplicável.

10 – Para a acção tendente a efectivar a responsabilidade civil de um árbitro, são competentes os tribunais judiciais de 1.ª instância em cuja circunscrição se situe o domicílio do réu ou do lugar da arbitragem, à escolha do autor.

CAPÍTULO XI – DOS TRIBUNAIS ESTADUAIS COMPETENTES/ARTIGO 59.º

11 – Se num processo arbitral o litígio for reconhecido por um tribunal judicial ou administrativo, ou pelo respectivo presidente, como da respectiva competência material, para efeitos de aplicação do presente artigo, tal decisão não é, nessa parte, recorrível e deve ser acatada pelos demais tribunais que vierem a ser chamados a exercer no mesmo processo qualquer das competências aqui previstas.

ANOTAÇÃO:
O presente artigo resulta da preocupação de regular conjuntamente e com detalhe a relação entre os tribunais arbitrais e os tribunais estaduais, à semelhança do que sucede noutros ordenamentos (Lei Alemã, § 1062) e conforme recomendado na Lei-Modelo (art. 6). Assim, este preceito compreende todas as situações em que os tribunais estaduais podem ser chamados a exercer competências em relação com a arbitragem, como seja na nomeação de árbitros (já prevista na LAV 1986), na escusa e destituição (previstas anteriormente, mas não reguladas, sendo por isso fonte de vários problemas) ou na discussão do valor dos honorários (questão tratada agora pela primeira vez), etc. Trata-se ainda de modo integrado das formas de impugnação de Sentença Arbitral.

Por outro lado, e ao indicar-se qual o tribunal competente para cada tipo de processo ou incidente, resolvem-se algumas dúvidas que se foram suscitando ao abrigo do regime anterior e que eram fonte de incerteza.

Nº 1: Seguindo o exemplo, nomeadamente, das Leis Francesa e Alemã, optou-se por atribuir ao Tribunal da Relação competência quase exclusiva para intervir na arbitragem, deixando-se de fora, apenas, os casos em que aquele Tribunal não está apetrechado para responder às solicitações dos tribunais arbitrais, ou seja, na obtenção de provas e em matéria de providências cautelares. Se a opção pelos tribunais da Relação denota já uma aposta numa maior especialização dos Juízes, abre a porta para que num futuro, que se espera próximo, tal competência possa ser atribuída a uma secção especializada dentro dos Tribunais da Relação, como recentemente passou a suceder em Espanha.

A consequência de maior relevo desta alteração foi a relativa à competência para decidir da impugnação da sentença arbitral (al. g) – antiga acção de anulação), que passa a ser directamente interposta no Tribunal da Relação, desaparecendo assim uma instância e ganhando-se considerável tempo, tanto mais que as matérias que podem servir de fundamento a este tipo de procedimento não requerem por norma a intervenção do tribunal de 1ª instância.

A actual redacção do preceito pode suscitar dúvidas sobre se os Tribunais da Relação que não têm distrito judicial próprio (como sucede com a Relação de Guimarães) ficam fora deste regime, não sendo competentes. Mas parece que a intenção do legislador foi no sentido de que sendo a sede da arbitragem for na área de competência do Tribunal da Relação, será ele o competente. Também parece ter ficado em aberto saber qual o Tribunal competente para decidir os processos das alíneas a) a d) quando o lugar da arbitragem não resulte da convenção de arbitragem e ainda não tenha sido fixado nos termos do nº1 do artigo 31º. Nestes (seguramente raros) casos será pragmaticamente de recorrer a solução semelhante à prevista no 3º do artigo 85º do CPC e atribuir a competência ao Tribunal da Relação de Lisboa (se e na medida em que venha a ser criada uma secção especializada, o problema ficará ultrapassado).

Na al. h) clarificou-se que o processo de reconhecimento de sentença arbitral estrangeira corre sempre pelo Tribunal da Relação, pondo-se termo a um entendimento que tinha vindo a ganhar algum apoio na jurisprudência e que remetia o processo para os tribunais de 1ª instância.

Nº 2 Trata-se da solução equivalente para as arbitragens administrativas, que não necessita de maiores explicitações.

Nº 3 Também aqui nada de especial e complexo se exprime.

Nº 4: Trata-se de uma previsão residual, destinada a pôr termo a eventuais incertezas. Daqui resulta, por exemplo, que o tribunal competente para reconhecer providências cautelares preferidas no estrangeiro é o tribunal de 1ª instância. A solução é passível de crítica, na medida em que vai contra o princípio de atribuir competência alargada às Relações nesta matéria, mas é compreensível atentos os interesses em causa; com efeito, se o requerente da providência tivesse primeiro de obter reconhecimento da providência no Tribunal da Relação, só depois podendo obter a execução coerciva, o propósito da providência sairia provavelmente comprometido ou pelo menos atrasado. A lei de processo não prevê nenhum procedimento específico para este caso. Considerando a necessidade de articular o reconhecimento com a execução de medidas coercivas, pensamos que não fará aqui sentido usar o formalismo previsto, consoante o caso, nos artigos 55.º a 58.º da LAV ou nos artigos 1094º do CPC, devendo usar-se em alternativa (e com as devidas adaptações) o formalismo do procedimento cautelar comum, incluindo a possibilidade de dispensa de audição prévia do requerido.

Relativamente à competência para execução de decisão arbitral estrangeira, cfr. nota ao Nº9.

Nºˢ 5 e 6: Estes preceitos regulam a competência dos tribunais no caso de ser requerida a um tribunal estadual português providência cautelar cuja acção principal seja uma arbitragem pendente no estrangeiro e para a assistência a tribunais arbitrais que funcionem no estrangeiro. Nada é dito quanto à assistência aos tribunais arbitrais a funcionar em Portugal, na medida em que tal situação cai na regra geral do Nº4.

Nº 7: Este preceito não tem conteúdo autónomo, na medida em que manda ter em conta nos processos referidos no nº1 o que sobre esses processos se diz noutros pontos da Lei, mas tal cautela nasce de uma preocupação de evitar futuras dúvidas em sede interpretativa.

Nº 8: Uma vez mais trata-se aqui de clarificar uma situação cuja solução já resultaria do regime geral da lei de processo, ou seja, de que as decisões proferidas pelos tribunais estaduais nos termos do artigo 56º têm os recursos previstos na lei de processo (a não ser que o recurso seja expressamente afastado).

Nº 9: Esta norma, quer face à regra geral do Nº4, quer atento o regime da execução constante da lei de processo, em teoria seria desnecessária. Foi incluída por uma preocupação de clarificação, mas acabou por deixar de fora a execução de sentença arbitral estrangeira. Como não pode deixar de ser, a execução de sentença arbitral estrangeira, depois de reconhecida, corre no tribunal estadual de 1ª instância que seja competente de acordo com a lei de processo aplicável (artigos 91º e 95 do CPC).

Nº 10: Neste caso, e para além da clarificação quanto à competência do tribunal de 1ª instância, estabeleceu-se uma regra de competência alternativa, deixando a escolha ao autor no processo.

Nº 11: Este preceito visa evitar que possam surgir conflitos de competência entre tribunais judiciais e administrativos para exercício das competências aqui previstas, com as inerentes demoras e riscos processuais. Prevalece, no mesmo litígio, o critério definido pelo primeiro tribunal ou presidente de tribunal que for chamado a exercer qualquer dessas competências no processo em causa. Definida a competência por um dos tribunais, fica definitivamente estabelecida, não sendo passível de impugnação (mas apenas no que respeita às matérias abrangidas pelo artigo 56º).

PMN

Artigo 60.º – Processo aplicável

1 – Nos casos em que se pretenda que o tribunal estadual competente profira uma decisão ao abrigo de qualquer das alíneas a) a d) do n.º 1 do artigo 59.º, deve o interessado indicar no seu requerimento os factos que justificam o seu pedido, nele incluindo a informação que considere relevante para o efeito.

2 – Recebido o requerimento previsto no número anterior, são notificadas as demais partes na arbitragem e, se for caso disso, o tribunal arbitral para, no prazo de 10 dias, dizerem o que se lhes ofereça sobre o conteúdo do mesmo.

3 – Antes de proferir decisão, o tribunal pode, se entender necessário, colher ou solicitar as informações convenientes para a prolação da sua decisão.

4 – Os processos previstos nos números anteriores do presente artigo revestem sempre carácter urgente, precedendo os respectivos actos qualquer outro serviço judicial não urgente.

ANOTAÇÃO:
O objectivo deste artigo foi o de regular, de uma forma muito simples, os trâmites do processo através do qual o tribunal estadual competente (Tribunal da

Relação ou Tribunal Central Administrativo) deverá exercer os poderes que lhes são conferidos em matéria de arbitragem, mas apenas no que respeita aos procedimentos tratados nas alíneas. a) a d) do n.º1 do artigo 59.º (os outros processos são objecto de diferente regulamentação). O resultado é um processo que se pretende muito expedito.

De notar que o processo de nomeação de árbitro, que até agora decorria à revelia da parte contrária, passou agora a contemplar a audição da mesma. A razão de ser da alteração foi a de que não se justificava negar nesse caso específico o princípio do contraditório, tanto mais que o tempo envolvido na audição da contraparte não acarretará delonga excessiva para o processo (o propósito deste procedimento, no caso da al. a) do n.º1 do artigo 59.º será única e exclusivamente o de proceder à nomeação do árbitro).

PMN

CAPÍTULO XII – Disposições finais

Artigo 61.º – Âmbito de aplicação no espaço

A presente lei é aplicável a todas as arbitragens que tenham lugar em território português, bem como ao reconhecimento e à execução em Portugal de sentenças proferidas em arbitragens localizadas no estrangeiro.

ANOTAÇÃO:
Consagra-se neste preceito o *princípio da territorialidade* no tocante à delimitação do âmbito de aplicação espacial das disposições da presente lei, à qual ficam sujeitas todas as arbitragens que tenham lugar em território nacional (quer tenham carácter interno, quer sejam internacionais), bem como o reconhecimento e a execução em Portugal de sentenças proferidas em arbitragens que hajam decorrido no estrangeiro. A mesma regra fundamental figurava já no art. 37.º da LAV 1986. Adoptam soluções análogas a secção 2, n.º 1, do *Arbitration Act*, o § 1025, n.º 1, da Lei Alemã e o art. 1, n.º 1, da Lei Espanhola.

A lei portuguesa exclui assim a admissibilidade de arbitragens «deslocalizadas» (*hoc sensu*, subtraídas a qualquer sistema jurídico) em território nacional. A observância das regras imperativas da lei portuguesa nas arbitragens que decorram em território nacional é garantida, designadamente, através da faculdade de impugnar, nos termos do art. 46.º, as sentenças nelas proferidas, à qual as partes não podem renunciar.

Como contrapartida do controlo a que deste modo se submetem as sentenças proferidas em arbitragens que decorrem em território nacional, tais sentenças produzem entre nós os efeitos executivo e de caso julgado, sem que para tanto hajam de ser objecto de qualquer declaração prévia de exequibilidade (*exequatur*), como a que a lei francesa exige (art. 1487 do CPC).

DMV

Artigo 62.º – Centros de arbitragem institucionalizada

1 – A criação em Portugal de centros de arbitragem institucionalizada está sujeita a autorização do Ministro da Justiça, nos termos do disposto em legislação especial.

2 – Considera-se feita para o presente artigo a remissão constante do Decreto-Lei n.º 425/86, de 27 de Dezembro, para o artigo 38.º da Lei n.º 31/86, de 29 de Agosto.

ANOTAÇÃO:
Reconhecendo-se embora que possa ser um contra-senso face ao carácter voluntário da arbitragem, entendeu-se em todo o caso ser conveniente manter o controlo do Ministério da Justiça sobre a criação de centros de arbitragem institucionalizada, cuja proliferação desregrada poderia contribuir seriamente para a descredibilização da arbitragem.

Procurou-se todavia deixar claro que tal controlo apenas incide sobre os centros de arbitragem constituídos no nosso país, por forma a dissipar as dúvidas que, durante algum tempo, se suscitaram sobre a possibilidade de reputados centros estrangeiros ou internacionais de arbitragem institucionalizada (que obviamente não dispunham daquela autorização ministerial) administrarem arbitragens localizadas em Portugal.

PMN

ÍNDICE

LEI N.º 63/2011, DE 14 DE DEZEMBRO,	7
LEI DA ARBITRAGEM VOLUNTÁRIA	15
CAPÍTULO I – Da convenção de arbitragem	15
CAPÍTULO II – Dos árbitros e do tribunal arbitral	23
CAPÍTULO III – Da competência do tribunal arbitral	41
CAPÍTULO IV – Das providências cautelares e ordens preliminares	46
SECÇÃO I – Providências cautelares	46
SECÇÃO II – Ordens preliminares	51
SECÇÃO III – Regras comuns às providências cautelares e às ordens preliminares	55
SECÇÃO IV – Reconhecimento ou execução coerciva de providências cautelares	57
CAPÍTULO V – Da condução do processo arbitral	61
CAPÍTULO VI – Da sentença arbitral e encerramento do processo	77
CAPÍTULO VII – Da impugnação da sentença arbitral	90
CAPÍTULO VIII – Da execução da sentença arbitral	96
CAPÍTULO IX – Da arbitragem internacional	99
CAPÍTULO X – Do reconhecimento e execução de sentenças arbitrais estrangeiras	103
CAPÍTULO XI – Dos tribunais estaduais competentes	109
CAPÍTULO XII – Disposições finais	114